中国传媒大学人文社会科学科研培育项目之青年学者出版资助项目（批准号：CUC14CB03）结项成果

媒体外交：理论与实践

陆佳怡　著

中国传媒大学出版社
·北京·

总 序

时值中国传媒大学成立60周年之际,中国传媒大学人文社会科学青年学者资助项目正式选定了十部支持专著,这是我校在人文社科研究方面所取得的又一成绩。

这套丛书的出版不仅是为了落实学校科研支持政策,更是为了响应国家的号召。2014年,李克强总理与历年国家杰出青年科研基金获得者代表座谈交流时曾提到,人才特别是优秀青年人才是国家科技实力、创新能力和竞争力的重要体现,代表着国家创新的未来。做好这方面的工作,对加快转变发展方式、实施创新驱动战略具有重大意义。作为教育部直属的国家"211工程"重点建设大学和国家985"优势学科创新平台"项目重点建设高校,中国传媒大学在信息传播领域的学术发展也是我国高校人文社科研究发展的一个重要组成部分。

建校60年来,我校在科学研究方面产出了大量的优秀成果。特别是在信息传播领域,我校广大教师正确面对我国信息传播事业飞速发展过程中机遇和挑战并存的复杂形势,迎难而上、克难攻坚,始终保持着饱满的科研热情,坚守着学校的殷切期望,及时、准确地把握国家提供的战略契机,以充分的准备和足够的信心面对挑战、迎接挑战,积极开展多领域、内容丰富的科研工作,收获了累累硕果。在2012年教育部组织的全国学科评估中，我校新闻传播学、戏剧影视学两个学科均排名第一。

目前我校的3个学部（新闻传播学部、艺术学部、文法学部）、1个中心（协同创新中心）和5个直属学院（播音主持艺术学院、广告学院、经济与管理学院、外国语学院、MBA学院）是文科科研和艺术创作的主要力量源泉。同时，学校文科方面还拥有新闻学、广播电视艺术学2个国家重点学科，传播学1个国家重点培育学科，新闻传播学、艺术学理论、戏剧与影视学3个一级学科北京市重点学科，语言学及应用语言学、动画学2个二级学科北京市重点学科；拥有教育部人文社会科学重点研究基地广播电视研究中心等部级研究机构13个和校级科研机构40个，在我国人文社科领域具有相当重要的地位和影响力。

近年来，我校在人文社科领域先后有2人入选"长江学者"特聘教授、2人入选"长江学者"讲座教授、3人入选"新世纪百千万人才工程"国家级人选、25人入选教育部"新（跨）世纪优秀人才支持计划"、2人次荣获国家级教学名师奖、2人次荣获全国优秀教师荣誉称号。更有越来越多的青年教师荣获教育部科学研究优秀成果奖、北京市哲学社会科学优秀成果奖等含金量较高的奖项。众多奖项和数字的背后，凝聚的正是全校思想活跃、朝气十足的广大青年教师夜以继日、笔耕不辍的成果，他们是真正帮助我校文科科研日益发展壮大的薪火相传的主力军。这支主力军的成长得益于两个方面：

一方面，我校立足长远，着力于对广大青年教师进行有计划、有目标的专业培训，加大对青年教师科研项目的经费投入，鼓励青年教师进行交叉学科项目的科学研究。中国传媒大学科研培育项目的设立,有效调动了青年教师的科研积极性,整体提升了我校人文社科的科研氛围与科研能力;邀请国内外专家学者来校开展社会科学研究系列讲座,积极拓展广大师生的学术视野;研究《艺术创作与获奖评价体系》,将科研与艺术创作有效结合,激发广大教师艺术创作的热情;研究《重点学科指标评测体系》,将我校的优质学科与国内外顶尖高校的相应学科进行深层对比,巩固我校两个优势学科在全国的领先地位;打造《中国传媒大学文科科研手册》,方便教师全面了解科研工作情况;建设完成文科科研成果库(一期工程),共收集信息传播领域论文15500余篇、著作3258册、研究报告730余篇,形成了我校自建校以来最为完整的科研成果文献体系;本着"高标准、精投入"的原则,集中一批优秀科研人才,引导广大教师特别是青年教师围绕全媒体、大数据等热点领域积极开展科研工作,营造了一个砥砺切磋的良好学术环境,促成了更多高水平科研成果的产生。

另一方面,我校广大青年教师努力开拓创新,将现代理论有机融合于具体实践之中,在变化中求发展,在发展中谋变化,不断寻找立意新颖的科研课题,以蓬勃向上和不断进取的青春锐气、以孜孜不倦和奋力前行的勇气,扎根于文科科研工作,并不断茁壮成长。青年教师在学校"钻研、精研、深研"的方针指导下,凭借着旺盛的科研热情,在一系列科研、教学比赛和国际学术拓展中取得了令人瞩目的成绩。

此次青年学者出版资助项目就是这些科研成果中的一部分。也正是在优渥的科研鼓励政策的鼎力支撑下,才有了一批30~45

岁的青年优秀学者倾心无忧,精心钻研,用心谋划,专心致学,大胆施展才华,安心科研工作,最终促成了"中国传媒大学青年学者文丛"的顺利面世。

学校文科科研的发展离不开青年教师的成长,学校管理机制的完善助力于青年教师的进步。希望我校广大青年教师在科学研究的道路上不畏艰险、勇于创新,不断探索前行!

是为序。

廖祥忠

中国传媒大学副校长、教授

2015年12月8日

Preface

Our world is changing. We are now all members of a single global community. Although cultural historians tell us that the nations of the world were never quite the isolated units of popular imagination—self-sufficient in ideas and influences—our current levels of interconnection are without precedent. It is impossible to ignore the extent to which the cultural, political, economic and environmental lives of individuals in any corner of the planet are interlinked with their fellows elsewhere in the world. These changes are especially apparent in China. No single country has experienced a transformation like that of China, and nation's transformation has as much significance for the world. Two realms in which change has been especially evident are those of the communication media and of diplomacy, and for this reason Jiayi Lu's book on *Media Diplomacy: Theory and Practice*—with its specific emphasis on how these two concepts have become an essential part of contemporary China's interaction with the world—has a special significance.

For those who came of age in the twentieth century the realm of diplomacy was one of the most static of all. Diplomacy had always been the monopoly of the few high officials trusted by their government to reach across international boundaries. Diplomats prided themselves on how little they said not how much. By the same token, the communication media tended to be inward-looking: restricted by international frontiers and such barriers to access as the basic and time and expense involved in obtaining let alone transmitting a message. Today's world is very different. No government can leave a foreign or its own public out of the foreign policy picture. People are simply too significant. Today the people are more than just the masses who can cheer or denounce a foreign policy gambit and flex muscles from time to time in elections. Technology has given the people the potential to become participants themselves—linking directly to foreigners who share their interests and enthusiasms across national boundaries and creating new bonds which will in time become the 'facts' of international relations and as real as the mountain ranges and rivers that marked the old maps. More than this nation states are no longer the sole building blocks of international life: new voices are chiming in to the international conversation with every year that passes. International and regional organizations have much to say; sub-national regions and cities are now speaking for themselves on the international stage rather than waiting for their government to speak on their behalf. Most interestingly of all non-governmental organizations, corporations and even some powerful individuals are seeking and finding global audiences.

In such a world there is no substitute for sound scholarship to provide a guide to its emerging dynamics. Jiayi Lu provides invaluable insight into the important steps that China's government and media have taken to respond to and shape this new environment. Her work is to be welcomed as an important contribution to our collective understanding of the central features of contemporary international relations: the meeting of media and diplomacy.

Nicholas J. Cull
Professor, Director, Master of Public Diplomacy Program
Annenberg School for Communication and Journalism
University of Southern California
Oct. 19, 2015

序

我们的世界正在发生变化。我们都是全球共同体成员。尽管文化历史学家告诉我们,世界各国从未成为公众想象中的独立个体,在思想和影响力上自给自足,但是我们目前的互联互通水平前所未有。当下,很难忽略地球上任何一个角落的个人与世界其他地方的同侪在文化、政治、经济和环境状况方面的密切程度。在中国,这些变化尤为明显。没有哪个国家曾经历过像中国这般的转型,中国的转型对整个世界都具有至关重要的意义。在诸多变化中,特别明显的是传播媒体和外交两个领域,因此从这个角度而言,立足这两个概念研究当代中国与世界交往的《媒体外交:理论与实践》一书具有特殊意义。

对于那些出生在20世纪的人来说,外交是最无变化的领域之一。外交一直由深受政府信赖的少数高层官员所垄断,并由他们进行跨国交往。外交官向来因寡言而非健谈引以为豪。同样,传播媒体属于内向型:受限于边界和获取、传输讯息的时间、费用等条件的限制。当今的世界已大不相同。没有一个政府可以将外国或本国公众排除在外交政策版图之外。公众简直太重要了。如今,公众已不仅是时常在竞选中欢呼或谴责外交政策开局以及时不时彰显力量的群众。技术赋予了公众个人成为参与者的机会,他们与跨越国界的拥有共同兴趣和热情的外国人直接联系,并且建立新的密切关系。国家已不再是国际社会的唯一基石:每年都会有新的声音不断加入国际对话之中。国际和地区组织有许多话要说,次国家区域和城市日益在国际舞台上发表自己的见解,而不再是等待政府为其发言。最有意思的是,非政府组织、企业,甚至一些有影响力的个人也逐渐在寻求和发现国际受众。

当下,指导应对这些新变化的学术研究还不是很多,本书为中国政府和媒体如何应对和塑造这一新环境提供了宝贵的思考。本书有助于我们共同理解当代国际关系的核心要素:媒体与外交。

尼古拉斯·J·卡尔

教授、公共外交硕士项目主任

美国南加州大学安尼伯格传播与新闻学院

2015 年 10 月 29 日

序

2015年金秋,陆佳怡博士告诉我基于她博士论文修改的《媒体外交》一书很快付梓,并希望我写序。作为她的硕士和博士生导师,我欣然接受她的邀请,更衷心祝贺她新书出版!

2003年金秋,陆佳怡从对外经贸大学毕业进入中国人民大学新闻学院学习,成为我的硕士研究生。她扎实的英语功底、认真的学习态度给我留下深刻印象。2004年金秋,芬兰驻华使馆新闻官让我推荐一个实习生,我推荐了她。2005年夏天,她正式获得芬兰驻华使馆新闻官助理岗位,并在那里连续工作了6年,积累了较为丰富的外交经验,这段经历无疑有助于她后来理解和研究公共外交。

2011年金秋,她回到中国人民大学新闻学院脱产攻读博士学位,我有幸再次成为她的导师。就在这年夏天,我应北京外国语大学公共外交研究中心的邀请,参与撰写公共外交年度报告,并承担媒体外交分报告,我和陆佳怡成为这份报告的主要撰写人。在这份报告里,我们阐述了对媒体外交的基本理解,即任何国际行为主体借助专业媒体或自媒体向国际公众传播、与之互动并力求影响之,其中,专业新闻媒体在报道中表现出来的专业能力和促进世界沟通、对话、合作的良好善意是其赢得国际公信力、践行媒体外交的基本路径,而国家首脑、国家政府、跨国企业等国际"行为主体"懂得新闻传播规律、乐于与专业媒体人士沟通、充分倾听国际公众的心声、具备真诚对话意愿、善于借助媒体讲述故事、表达意见是其赢得国际信任、增强国际吸引力、提升软实力的重要路径。

在3年博士学习期间,陆佳怡凭借极大的热情和坚定从事公共外交与国际传播研究的决心,认真阅读了大量文献,并在听课、各种研讨以及我承担的公共外交相关课题中不断深化对公共外交、国际传播的认识;而博士二年级赴美国南加州大学安尼伯格传播与新闻学院师从国际知名公共外交学者Nick Cull教授学习的一年是她学习获得很大飞跃的一年,为她的博士论文《新公共外交视野下的中国主流媒体国际传播力研究》积累了更扎实的基础理论和更丰富的分析案例。她的论文和答辩赢得了评委们的高度肯定。

2014年夏天,陆佳怡顺利毕业并在激烈求职竞争中胜出,成为中国传媒大学的一名讲师。在过去的一年时间里,她开设了"媒体与公共外交"课程,并将博士论文精心修改为以媒体外交为主题的书,定名为《媒体外交:理论与实践》。这是对媒体外交研究的重要贡献!

该书分为"理论篇"和"实践篇"两大部分,从理论和实践两个角度回答了"媒体外交是什么"这个基本问题。

在"理论篇",该书从新闻学、传播学、外交学和社会学等多学科视角梳理了从秘密外交到公开外交,继而发展至公共外交的历史脉络,阐述了公共外交产生的时代背景,以及2001年"9·11"事件后提出的新公共外交范式的本质。其中,媒体外交的传播学解读和媒体外交研究框架是"理论篇"的重点。作者首先辨析了"媒体""媒介"和"传媒"三个概念之间的区别;其次,在爬梳国内外学者对"媒体外交"概念解读的基础上,给媒体外交下了一个操作性定义;再次,从传播学视角,提出媒体外交的三个层次,即媒体外交研究框架;最后,基于"媒体外交"概念的解读,立足传播学和国际关系的建构主义视角,阐明媒体外交的四大效应。

"实践篇"是对"理论篇"的进一步阐释与展开,通过一个个鲜活、饱满的案例,解读媒体外交研究框架。作者采用个案研究、比较研究、访谈等研究方法深入分析了诸多典型案例:十八大以来习近平主席的首脑独白式媒体外交;《中国日报》刊登陈光标《钓鱼岛属于中国》的广告;中国在纽约时报广场播放的《中国国家形象片——人物篇》;2013年奥巴马与普京关于叙利亚"化武事件"在本国媒体上发表文章、借助媒体的对话;中央电视台英语新闻频道对2013年南非德班"金砖峰会"的报道;"复兴路上工作室"推出的《中国共产党与你一起在路上》《领导人是怎样炼成的》等视频。这些案例研究均为作者的原创性研究,对独白式、对话式、合作式媒体外交进行了生动诠释,可读性较强。

该书可以为学术界的学者和学生参考,也可以供从事涉外工作、公共外交工作、国际传播工作的政府、媒体、企业、非政府组织、个人参考。

在Web2.0和社交媒体时代,公众得到空前的表达机会,为国际行为主体与国际公众直接沟通创造了机会,但也为国际行为主体管理国际舆论环境增加了难度、提出了新的挑战。借助媒体与世界进行有效沟通、对话、开展媒体外交,增进不同群体之间的相互了解与理解、促进对话与合作、消除误解和对抗是公共外交和国际传播研究者与实践者必须面对的课题。衷心希望本书可以引发更多关于媒体外交、公共外交、国际传播的研究和讨论!

钟新

中国人民大学新闻学院教授,博士生导师

2015 年 11 月 22 日

目录

前言 ………………………………………………………… 1
 第一节 研究背景 / 4
 第二节 文献回顾 / 12
 第三节 研究问题与研究方法 / 42
 第四节 结构安排、难点与创新点 / 46

上篇 理论篇

第一章 外交、公共外交与新公共外交范式 ……………… 51
 第一节 外交、秘密外交和公开外交 / 51
 第二节 公共外交的产生与发展 / 56
 第三节 新公共外交范式的特点和本质 / 63
 第四节 作为公共外交重要组成部分的媒体外交 / 77
 本章小结 / 82

第二章　媒体外交及其研究框架 …………………………… 84
　　第一节　"媒体""媒介"和"传媒" / 84
　　第二节　媒体外交的两个维度 / 87
　　第三节　媒体外交的传播学解读 / 93
　　第四节　媒体外交的三个层次 / 96
　　第五节　媒体外交的四个效应 / 101
　　本章小结 / 105

下篇　实践篇

第三章　独白式媒体外交 …………………………………… 109
　　第一节　国家形象的媒介化呈现 / 110
　　第二节　首脑的独白式媒体外交 / 121
　　第三节　其他行为主体的独白式媒体外交 / 127
　　本章小结 / 128

第四章　对话式媒体外交 …………………………………… 130
　　第一节　媒体倡导的对话式媒体外交 / 131
　　第二节　基于媒体平台的对话式媒体外交 / 132
　　第三节　首脑对话式媒体外交 / 158
　　本章小结 / 161

第五章　合作式媒体外交 …………………………………… 162
　　第一节　媒体对行为主体之间合作的呈现 / 163
　　第二节　媒体机构业务层面的合作 / 171
　　第三节　媒体同行共同举办国际性活动 / 185
　　本章小结 / 187

尾　声 …………………………………………… 188

附录一：2013年9月10日美国总统奥巴马关于叙利亚问题的全国
　　　　电视讲话 …………………………………… 191
附录二：2013年9月11日俄罗斯总统普京在《纽约时报》网站发表
　　　　的署名文章 ………………………………… 208

参考文献 ………………………………………… 217

后　记 …………………………………………… 231

编者的话 ………………………………………… 234

前 言

自 2011 年 1 月 17 日起,《中国国家形象片——人物篇》在美国纽约时报广场电子屏和美国主流媒体上连续播出一个月。该片由中国国务院新闻办公室出资、上海灵狮广告公司制作,全片以红色为基调,在短短 60 秒内,59 位中国知名人物分别出场,诠释了"美丽"(beauty)、"勇敢"(bravery)、"智慧"(talent)、"财富"(wealth)等 14 个关键词。该片被视为中国国家层面大力推进软实力、提升国家形象的重要举措。

2012 年 9 月 28 日,中国主流英文大报《中国日报》在美国主流大报《纽约时报》《洛杉矶时报》和《华盛顿邮报》上同时刊登了两版题为《钓鱼岛属于中国》(*Diaoyu Islands Belong to China*)的广告,通过讲述钓鱼岛的历史,阐释中国政府的立场,在涉及我国的国际争端议题上主动向美国公众和国际公众发声。

2013 年 3 月 19 日,中国国家主席习近平在访问俄罗斯、坦桑尼亚、南非和刚果共和国前夕,在人民大会堂接受俄罗斯俄通-塔斯社、俄罗斯全国广播电视公司、南非卫星电视五台、印度报业托拉斯、巴西《经济价值报》和中国新华社记者联合采访,就中国同有关国家双边关系、金砖国家合作、中国改革开放等问题阐述了政策主张。

2013年5月20日,中国国务院总理李克强在访问印度期间,在印度的《印度教徒报》和《觉醒日报》上发表题为《跨越喜马拉雅山的握手》的署名文章。

2015年2月8日,英文宣传片《中国共产党与你一起在路上》(The Communist Party of China is with You along the Way)爆红网络。该片通过讲述农民、工人、调酒师、舞蹈家等普通中国人的"中国梦",向国际公众展示一个快速成长但发展不平衡、既充满机遇又面临无数挑战的中国形象,体现了中国共产党面向全球的新姿态。

以上这些都是近年来典型的媒体外交案例。在这些案例中,国家政府、首脑、主流媒体以及执政党作为传播主体,以制作和播出形象片、接受到访国媒体采访、在到访国重要媒体上发表署名文章、通过国际主流媒体刊登专刊等形式,呈现中国形象,向国际社会传递中国国家领导层的执政理念和以"中国梦"为核心的价值观体系。

自十八大以来,"首脑外交"更加突出活跃。[①] 比如,仅2013—2014年两年间,习近平主席共出访各国11次,足迹遍及欧洲、非洲、美洲和亚洲的20多个国家;李克强总理共出访8次,访问了印度、巴基斯坦、瑞士、德国、埃塞俄比亚、哈萨克斯坦、塞尔维亚等国家。值得注意的是,在出访过程中,首脑频频利用国外媒体,"讲好

---

① 张清敏:《理解十八大以来的中国外交》,《外交评论》2014年第2期,第11页。

中国故事,传播好中国声音"①,向国际公众讲述"中国梦",阐述中国政府的立场与主张。从以上可以看出,讲述中国故事、传播中国声音已经成为十八大以来我国外交和对外传播工作的新常态。

从理论上来讲,公共外交是指政府与公众间的互动,其中,媒体是政府触及目标公众的媒介。公共外交的本质在于传播,在公共外交语境下,媒体外交是传播公共外交信息的一种方式,是公共外交的重要组成部分。在当前全球化日益加深、中国社会面临巨大转型的情形下,媒体外交及其所产生的政治效应对日益卷入国际社会的中国具有很强的现实意义。鉴于此,本书以十八大以来我国外交和对外传播领域所呈现的新特点为切入口,在借鉴公共外交和我国主流媒体国际传播力研究已有成果的基础上,从理论和历史视角梳理"媒体外交"概念的产生与发展;同时,立足传播学视角解读媒体外交的三种模式,分析不同行为主体所进行的媒体外交实践。此外,基于新兴媒体在当前中国传播环境中的重要地位,本书还将介绍新兴媒体中对话式媒体外交模式,探讨如何增强传—受互动,促成对话与合作,从而推动争议性问题的解决。

总体而言,本书旨在建立媒体外交研究框架,一则丰富现有的公共外交研究,尝试突破当前公共外交和国际传播研究所面临的创新瓶颈;二则关注十八大以来外交与对外传播领域的新现实,为分析新常态提供可能性的研究路径。

---

① 2013年8月19日,习近平在全国宣传思想工作会议上指出:"对世界形势发展变化,对世界上出现的新事物新情况,对各国出现的新思想新观点新知识,我们要加强宣传报道,以利于积极借鉴人类文明创造的有益成果。要精心做好对外宣传工作,创新对外宣传方式,着力打造融通中外的新概念新范畴新表述,讲好中国故事,传播好中国声音。"

第一节 研究背景

一、公共外交在中国的兴起

在中国,具有公共外交性质的实践活动虽然早已有之,但是"公共外交"一词真正进入政治话语、新闻话语和公众话语却是最近几年的事。2012年,胡锦涛在中国共产党第十八次全国代表大会上的报告明确提出:"我们将扎实推进公共外交和人文交流,维护我国海外合法权益。我们将开展同各国政党和政治组织的友好往来,加强人大、政协、地方、民间团体的对外交流,夯实国家关系发展社会基础。"① 这是"公共外交"一词第一次出现在党代会的报告中。公共外交被写入十八大报告,证明公共外交已经进入党和国家领导层的政治话语体系。一方面,党和国家领导人意识到当前国际格局的变化,与之相适应,发展对外关系和加强对外交流的方式也面临着调整;另一方面,他们也意识到在全球化趋势愈加明显的今天,公共外交在创造和完善有利于自身发展的国际环境方面的重要性。

在中国学术界,公共外交是个舶来品,进入中国学者的研究视野只有20多年。虽说这些年的积累已经为中国的公共外交研究奠定了一定的理论基础,但相较于世界上其他公共外交研究大国,比

---

① 《胡锦涛在中国共产党第十八次全国代表大会上的报告》,见 http://news.xinhuanet.com/18cpcnc/2012-11/17/c_113711665.htm。

如美国,还存在着很大的差距。追溯公共外交的历史可以发现,注重实践是它与生俱来的特点。但是,任何缺乏理论支撑的实践终究会因根基不扎实而不具解释力,无法推而广之。因此,公共外交被写入十八大报告,与其说是党和国家领导层已经意识到作为实践形式的公共外交在影响公众态度、营造有利于我国发展的国际舆论环境方面的作用,不如说是对中国的公共外交研究者提出了一个现实的、宏大的问题,即如何在借鉴国外已有公共外交研究成果的基础上,在综合分析当今国际形势的情况下,结合中国实际,建立自己的公共外交理论体系,以此关注现实,开展公共外交实践活动。

二、主流媒体国际传播力建设的紧迫性和必要性

(一)"西强我弱"的国际传播格局依旧存在,中国媒体的国际传播能力欠佳

2008年6月,时任中共中央总书记、国家主席、中央军委主席胡锦涛在《人民日报》创刊60周年之际到人民日报社考察。他在谈到国际舆论格局时指出:"当前,世界范围内各种思想文化交流、交融、交锋更加频繁,'西强我弱'的国际舆论格局还没有根本改变。"[①]国际传播"西强我弱"的格局在新闻传播学界和业界早已成为共识,但由国家最高领导人提出尚属首次。

在新闻传播业界和学界,曾有人对国际传播"西强我弱"的现

---

① 《胡锦涛在人民日报社考察工作时的讲话》,见 http://cpc.people.com.cn/GB/64093/64094/7408960.html.

状进行过注解。比如,有学者指出,全球约有80%的国际新闻来自西方通讯社。① 人民日报社前任社长张研农曾指出:"在全球传媒市场格局方面,50家西方跨国媒体公司占据了全球95%的传媒市场。在所用语言方面,以汉字为传播符号的信息量仅占国际信息传播总量的5%左右。互联网上80%以上的网页都是英文的,中文网页只占12%。从这些数字可以看出,美、英等国依旧占据着垄断全球文化'话语权'的地位。"②

具体而言,西方国家的主要媒体依旧在国际重大、热点议题的报道中占据主导地位,通过设置新闻议程的方式影响国际舆论。比如,"邪恶轴心""无赖国家"等新闻话语就是在西方媒体高密度的传播活动中产生并扩散的。对于这些西方媒体的国际传播能力,《人民日报》国际部一位资深记者曾在一篇题为《中国媒体是谁的喉舌?》的评论文章中作出了这样的注解:在国内一家知名网站上,30天内有103条消息是直接引用《纽约时报》的,101条引用了《华盛顿邮报》,连经常散布反华言论的小报《华盛顿时报》的消息也被引用了31条。而直接从美联社和其他美国报纸编译而来的消息则更是多得无法统计。③

与占据国际舆论场主导地位的西方强势媒体相比,中国媒体的综合实力明显不足。这其中存在着历史和体制方面的原因。比如,有学者曾指出:"我国由于历史发展的原因形成了条块分割和

---

① 吴瑛:《国际舆论格局与我国对外传播的路径选择》,《当代传播》2009年第5期,第31—33页。
② 张研农:《在国际部驻外记者培训班上的讲话》,2010年4月7日。
③ 丁刚:《人民时评:中国媒体是谁的喉舌?》,见 http://www.people.com.cn/GB/guandian/1033/2555943.html。

地方保护的局面,这使得一个巨大的传媒市场被分割成了零碎的小块,即使一些实力较强的传媒集团也无法突破体制的限制,把零碎的市场整合起来。因此,我国没有任何一家媒体能与发达国家的媒体相抗衡。"[①]该学者将中国媒体综合实力不足、国际竞争力不强的原因全都归咎于历史和体制的限制难免过于武断和片面,却道出了中国媒体国际传播能力不足的深层次原因。在业界,新华社前社长李从军曾从业务能力角度将新华社与国际一流媒体机构进行了比较分析。他认为,新华社在传播能力、资金实力、科技应用、产品研发、职业水准、品牌影响、市场覆盖以及受众美誉度、忠诚度、依赖度等方面仍处于弱势,整体实力明显落后。最为重要的是,中国媒体在体现专业素养的新闻自采和原创方面略逊一筹。[②]由此可见,中国媒体国际传播能力欠佳的原因不仅在于资金、技术等硬件条件无法与国际一流媒体机构抗衡,中国媒体在新闻传播核心领域——新闻生产方面能力不足更是主要的制约因素。

(二)国际社会对中国信息需求量增加,国际新兴传播力量异军突起

自1978年改革开放以来,中国在过去30多年中取得了令世界瞩目的发展成就。2010年,中国国内生产总值(GDP)超过日本,跃居世界第二,仅次于美国。2008年,由美国次贷危机引发的国际金融危机导致国际经济局势在很长一段时间内都处于低迷态势。尽

---

① 李艳梅、陈然:《我国媒体对外传播话语权的构建》,《新闻爱好者》2008年第6期,第115页。
② 李从军:《新华社2011年工作报告》。

管面临不利的国际经济局势,中国经济在过去五年内依旧保持了稳定的增速,GDP年均增长9.3%,高于同期全球和新兴经济体的增长速度。① 中国经济成为全球经济颓势中的一个亮点,继而引发全球关注。2008年北京奥运会和2010年上海世博会的相继成功举行,让国际社会看到并感知了中国在经济成就以外的历史、文化等领域的魅力,对中国的好奇心和关于中国信息的需求量进一步增加。

然而,就在国际社会希望了解中国的愿望比以往任何时候都更加强烈的时候,中国在经历30多年经济快速增长后开始进入内部社会问题的多发期,中国与外部世界面临着新一轮的战略磨合:彼此都需要重新认识、评估和探底。在这个过程中,误解与碰撞在所难免,有些西方媒体在2008年西藏拉萨"3·14"事件和2009年新疆乌鲁木齐"7·5"事件中违背客观的报道原则,以虚构和捏造事实来误导国际舆论就是最好的例证。这些个案的出现从另一个角度证明,在战略磨合期,中国需要及时、准确地向外部世界提供信息,满足国外公众对中国信息的需求;在内部敏感事件发生时,主动向国际社会发出来自中国的声音,抵消国际舆论中那些失真的声音对中国造成的不利影响。

放眼世界,一些西方主要媒体因受2008年国际金融危机的影响,逐渐放慢了发展脚步。与此同时,一批新兴国际传播力量异军突起,其中,较具代表性的是卡塔尔的半岛电视台(Al Jazeera)、俄罗斯的今日俄罗斯频道(Russia Today)和伊朗的英语新闻电视台

---

① 温家宝:《政府工作报告——2013年3月5日在第十二届全国人民代表大会第一次会议上》,见http://news.xinhuanet.com/2013lh/2013-03/18/c_115064553.htm。

(Press TV)。这些媒体机构充分利用新媒体技术发展所带来的机会,转变新闻生产和传播的方式,在西方主要媒体面临资金问题、因新闻质量而频频遭受质疑之际另辟蹊径,成为国际传播领域中的一抹亮色。

(三)党和国家领导层对中国媒体的国际传播能力建设寄予厚望

党和国家领导人曾在很多重要讲话中强调了中国媒体国际传播能力建设的重要性和迫切性。比如,2008年12月20日,当时主管宣传工作的中共中央政治局常委李长春在纪念中国电视事业诞生暨中央电视台建台50周年大会上发表讲话,专门提到了加强新闻传播能力建设的重要性。他认为,在当今世界,一个国家的国际传播能力决定着这个国家的国际影响力,"谁的传播手段先进、传播能力强大,谁的思想文化和价值观念就能更广泛地流传,谁就能更有力地影响世界。"[1] 2009年10月,在新华社与新闻集团、美联社、路透社等八家机构共同发起并主办的世界媒体峰会开幕式上,胡锦涛在致辞中一方面强调了中国政府向来重视媒体的发展;另一方面表示,中国政府支持中国媒体与国外媒体以多种形式加强合作,参与国际传播领域的竞争。[2]

2009年6月,政府出台了《2009—2020年我国重点媒体国际传播力建设总体规划》(以下简称《国际传播力规划》),明确提出,"到2020年争取在报刊、通讯社、广播电视和互联网等领域建成若干具

---

[1] 李长春:《在纪念中国电视事业诞生暨中央电视台建台50周年大会上的讲话》,《光明日报》2008年12月23日。
[2] 胡锦涛:《在世界媒体峰会开幕式上的致辞》,《人民日报》2009年10月9日。

有国际影响力的传媒集团,掌握话语权,赢得主动权,形成与我国经济社会发展水平和国际地位相称的媒体国际传播力。"①《国际传播力规划》的出台,一方面标志着党和国家领导层在不同场合所表示出的对提高中国媒体国际传播能力的希望和要求转化成了具体的行动方案,其中列出了重点资助的媒体,并为其设定了近期行动目标;另一方面也意味着媒体国际传播能力建设与国家的国际地位、国际影响力息息相关,中国媒体的国际传播能力建设被提到了国家战略层面。

事实上,自2008年北京奥运会后,一向善于捕捉新动向的中国媒体就意识到了国际社会对中国议题的日益关注和对中国信息需求量的增加,并开始主动向国外公众传递来自中国的信息,加快走出去的步伐,扩大国际传播范围。比如,2009年2月,《中国日报》在纽约创办《中国日报》(美国版),旨在为美国的政界、商界和学界提供来自中国的信息。2009年4月,《人民日报》旗下的《环球时报》推出英文版,成为继《中国日报》之后的第二家全国性英文报纸。2009年7月和9月,中央电视台先后推出阿拉伯语频道和俄语频道,扩大海外目标受众范围。

2013年11月,中国共产党第十八届中央委员会第三次全体会议通过了《中共中央关于全面深化改革若干重大问题的决定》(以下简称《决定》)。在这份被视为规划中国未来几年发展蓝图的《决定》中,中国重点媒体的国际传播能力建设再次被提及,并且被提

---

① 张海涛:《站在新的历史起点上推动我国广播影视科技和事业建设又好又快发展——在广电总局科技委八届三次会议上的讲话》,《广播与电视技术》2009年第12期,第10—15页。

前言

升到了新的高度。《决定》指出："坚持政府主导、企业主体、市场运作、社会参与,扩大对外文化交流,加强国际传播能力和对外话语体系建设,推动中华文化走向世界。理顺内宣外宣体制,支持重点媒体面向国内国际发展。"①由此可见,新一届党和国家领导层基于传播国界日益消失、对内对外传播界线逐渐被打破的现状,提出了理顺和改善内宣外宣体制的要求,再次强调政府在重点媒体国际传播能力建设中发挥主导作用的同时,也提到了企业等其他行为主体的参与。此外,新一届党和国家领导层还对中国媒体的国际传播能力建设提出了新的要求和发展方向,即向国际传播领域的核心地带——内容建设层面推进,形成对外话语体系。

2014年,习近平在"8·18讲话"中提出:"要推动传统媒体和新兴媒体融合发展,要遵循新闻传播规律和新兴媒体发展规律,强化互联网思维,坚持传统媒体和新兴媒体优势互补、一体发展,坚持以先进技术为支撑、内容建设为根本,推动传统媒体和新兴媒体在内容、渠道、平台、经营、管理等方面的深度融合,着力打造一批形态多样、手段先进、具有竞争力的新型主流媒体,建成几家拥有强大实力和传播力、公信力、影响力的新型媒体集团,形成立体多样、融合发展的现代传播体系。要一手抓融合,一手抓管理,确保融合发展沿着正确方向推进。"②要在推动传统媒体和新兴媒体融合发展的前提下,打造新型主流媒体,建成拥有"四力",即"强大实力""传播力""公信力"和"影响力"的新型媒体集团,这可谓是2009

---

① 《中共中央关于全面深化改革若干重大问题的决定》,见 http://news.xinhuanet.com/politics/2013—11/15/c_118164235.htm。
② 《共同为改革想招、一起为改革发力,群策群力把各项改革工作抓到位》,《人民日报》2014年8月19日,第1版。

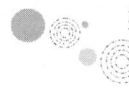

媒体外交：理论与实践

年《国际传播力规划》行动目标的"升级版"，指明了中国媒体国际传播能力建设的新方向。

第二节 文献回顾

目前学界关于"公共外交"和"中国主流媒体国际传播力"两大问题的研究是本书借鉴的主要文献来源。为了更好地进行文献梳理，本书首先厘清"公共外交""中国主流媒体"和"国际传播"三个概念：

第一，公共外交。本书采用1965年美国塔夫茨大学弗莱彻法律和外交学院爱德华·默罗公共外交研究中心一份宣传册对公共外交的定义，即"公共外交……研究公众态度对对外政策形成和执行的影响。它包括超越传统外交的国际关系；政府在其他国家培植公众意见；国与国之间私人团体和利益团体之间的互动；报道对外事务及其对政策的影响；外交官和驻外记者等从事传播工作人员之间的沟通；以及跨文化传播。公共外交至关重要的是信息和思想的跨国流动。"①

第二，中国主流媒体。对于中国主流媒体的界定，本书采用新华社在2004年提出的六条评判标准，具体来说就是：第一，具有党、政府和人民喉舌功能的权威媒体；第二，传播主流意识形态与价值观，富有影响力；第三，具有公信力；第四，积极报道国内外政治、经济、社会和文化等领域的新动向；第五，目标受众为社会各阶层的代表人

---

① Public Diplomacy Alumni Association，http://publicdiplomacy.org/pages/index.php?page=about-public-diplomacy，Retrieved on Dec. 28,2013.

群；第六，传播和影响范围广泛。① 基于这六条评判标准，2009年《国际传播力规划》所列出的六家中央级媒体——《人民日报》、新华社、中央电视台、中国国际广播电台(以下简称"国际台")、《中国日报》和中国新闻社(以下简称"中新社")都属于中国主流媒体范畴。本书中的中国主流媒体，具体指的就是这六家中央级媒体。

第三，国际传播。在现有的关于国际传播的定义中，美国学者罗伯特·福特纳(Robert S. Fortner)曾将其简单定义为"超越各国国界的传播，即在各民族、各国家之间进行的传播"。在他看来，国际传播是一种大众传播形式，不同文化之间的人际交流不在国际传播范畴之内。② 中国学者吴飞在总结中外学者关于国际传播的定义后认为，各种定义既存在共同之处，即"以民族或国家作为划分单位，或者说是传播的边界"，又存在不同之处，即狭义的国际传播"强调跨越国界的大众传播"，广义的国际传播"既包括跨越国界的大众传播，也包括人际传播"。③ 本书采用狭义的国际传播概念，即跨越国界的大众传播，具体探讨的是国家政府主导的大众传播媒体针对国际公众进行的国际传播行为。

一、国外的公共外交研究

从笔者目前所掌握的外文文献来看，关于公共外交的研究主

---

① 新华社舆论引导有效性和影响力研究课题组：《主流媒体判断标准和基本评价》，《中国记者》2004年第1期，第10—11页。
② 〔美〕罗伯特·福特纳：《国际传播：全球都市的历史、冲突及控制》，刘立群译，华夏出版社2000年版，第5—6页。
③ 吴飞：《国家软实力的模式建构——从传播视角进行的战略思考》，浙江大学出版社2013年版，第2页。

要分布于美国和一些欧洲国家。① 在这些国家,公共外交实践先于公共外交研究。冷战时期,这些国家的公共外交实践较为活跃,特别是美国,但这个时期的公共外交研究主要偏向经验总结,理论探索较少。冷战结束后,公共外交实践与研究一度沉寂。2001年"9·11"事件发生后,公共外交再度进入这些国家的对外政策和学术研究视野。为了能比较清晰地勾勒出国外的公共外交研究现状,本书按地理分布,即北美地区的美国和加拿大,欧洲地区的英国、荷兰、瑞典和德国,以及亚洲地区的日本、韩国和以色列,对国外现有的公共外交研究进行梳理和总结。

(一)北美地区的公共外交研究

1.两次世界大战的宣传研究

美国一直是公共外交研究大国。"公共外交"一词是由美国前外交官、塔夫茨大学弗莱彻法律和外交学院院长埃德蒙德·古利恩(Edmund Gullion)在1965年建立爱德华·默罗公共外交研究中心(Edward R. Murrow Center of Public Diplomacy)时最先提出的。对于"公共外交"一词的起源,世界公共外交研究重镇——美国南加州大学公共外交研究中心的资深研究员、英国籍历史学者尼古拉斯·卡尔(Nicholas J. Cull)曾加以考证,认为古利恩最初考虑过用"宣传(propaganda)"一词来概括当时国际关系领域出现的新情况,即通过与国际公众互动来实现外交目的,"但是,这个带有

---

① 鉴于语言限制,笔者在搜集文献时未能将其他语种,比如法语、德语、俄语的公共外交文献囊括其中,这一缺陷会在以后的研究中弥补。

前 言

戈培尔博士时代负面意义痕迹的词语让人难以接受",古利恩最终使用了公共外交一词。①

从词源上可以看出,美国的公共外交实践和研究与宣传有着很深的渊源。换句话说,美国的公共外交研究可以追溯至美国在两次世界大战中的宣传研究,"二战"后以行政和市场为导向的美国实证传播研究是美国公共外交研究的重要学术背景。这其中,最值得一提的就是哈罗德·D·拉斯韦尔(Harold D. Lasswell)在1926年完成的博士论文《世界大战中的宣传技巧》(*Propaganda Technique in World War I*)。第一次世界大战是有史以来的第一次多国参与的国际性战争,正是在这场战争中,世人第一次感受到了什么是宣传。拉斯韦尔立足"一战"中英、法、德等主要国家的宣传策略,从宣传的组织(宣传者)、宣传信息的符号运用(宣传内容)、宣传活动的参与者(受众)和宣传活动的目的(效果)这些角度考察宣传过程,又在价值中立的前提下,采用内容分析法对宣传内容进行实证分析。②

基于"宣传者—宣传内容—受众—效果"模式分析宣传的过程和采用内容分析方法研究在宣传过程中如何使用象征性符号取得最佳宣传效果,是拉斯韦尔这篇博士论文的两大亮点与主要学术贡献。1948年,拉斯韦尔在《社会中传播的结构与功能》(*The Structure and Function of Communication in Society*)一文中进一步完善了早期的宣传模式,提出了"5W模式",即"谁(Who)""什么

---

① 〔英〕尼古拉斯·卡尔:《公共外交:以史为鉴的七条法则》,钟新、陆佳怡译,《国际新闻界》2010年第7期,第7页。
② 〔美〕哈罗德·D·拉斯韦尔:《世界大战中的宣传技巧》,张洁、田青译,展江校,中国人民大学出版社2003年版。

媒体外交：理论与实践

(What)""渠道(Which Channel)""向谁(To Whom)"和"什么效果(What Effect)",成为早期大众传播研究的重要模式。拉斯韦尔的大众传播模式研究对美国的公共外交实践和研究产生了深远影响,使大众传播视角和国际传播研究一直贯穿于美国的公共外交研究;与此同时,拉斯韦尔研究宣传的效果导向思路也直接影响了美国在冷战期间公共外交研究的经验性总结方向。

2. 冷战期间的公共外交研究

"二战"结束后,美苏两极格局形成,两国也随之开始了意识形态领域的冷战。1948 年,美国国会通过《史密斯－蒙特法案》(Smith Mundt Act),从客观上为美国的对外信息传播和文化交流,即公共外交活动获得了合法性。① 1961 年 9 月,美国国会又通过《富布莱特－海斯法案》(Fulbright－Hays Act),并经肯尼迪总统签署成为法律,弥补了《史密斯－蒙特法案》的不足,扩大了美国对外文化交流活动的范围。② 两部法案的实施为美国冷战期间的公共外交活动提供了法律保障。

1953 年 8 月成立的美国新闻署(United States Information Agency)是冷战期间美国公共外交的主要执行者,但是在它成立之初,其主要职责是对外解释美国的政策和介绍美国的文化,富布莱特项目(Fulbright Program)和国际访者项目(International Visitor Program)等对外教育文化交流职能仍由美国国务院的教育文化事务局履行。1965 年,古利恩提出"公共外交"一词,不仅巧妙地将美

---

① Snow N.,"The Smith－Mundt Act of 1948",*Peace Review*,No.10,1998,pp.619－624.
② 韩召颖:《输出美国:美国新闻署与美国公众外交》,天津人民出版社 2000 年版,第 6 页。

国新闻署自成立后所从事的具有宣传性质的活动与负面含义的宣传活动划清了界限,赋予了美国新闻署工作人员合法的外交身份,还在一定程度上推动了将对外教育文化交流职能划归为美国新闻署的进程,因为该词的最初定义就涵盖了美国新闻署的各项职能和当时由美国国务院教育文化事务局所承担的文化交流功能。[1] 1978年4月1日,卡特政府将教育文化事务局并入美国新闻署,并改名为美国国际交流署(United States International Communication Agency)。[2] 自此,在法律与行政的双重保障下,美国新闻署实际上扛起了冷战期间美国公共外交的大旗。

因此,美国新闻署成了冷战期间美国公共外交研究的主要对象,尤其是它的国际广播活动。此外,还有少量涉及美国和苏联公共外交的比较研究。这期间的研究者主要由公共外交实践者和新闻传播学者构成,前者偏向公共外交的实践经验总结,后者主要讨论国际传播与外交的关系。

20世纪六七十年代出现了一些由负责公共外交事务的官员介绍和总结美国公共外交实践的专著。比如,1964年,时任美国首任教育与文化事务助理国务卿的菲利普·H·库姆斯(Philip H. Coombs)出版了《对外政策的第四个维度:教育与文化事务》(*The Fourth Dimension of Foreign Policy: Educational and Cultural Affairs*);1965年,时任教育与文化事务助理国务卿的查尔斯·弗兰克尔(Charles Frankel)出版了《对外事务中被忽视的领域:美国

---

[1] Cull N. J., "Public Diplomacy Before Gullion: The Evolution of a Phrase", In Snow N. & Philip M. P. (eds.), *Routledge Handbook of Public Diplomacy*, New York: Routledge, 2009.

[2] 韩召颖:《输出美国:美国新闻署与美国公众外交》,天津人民出版社2000年版,第120页。

媒体外交：理论与实践

在海外的教育与文化政策》(The Neglected Aspect of Foreign Affairs: American Educational and Cultural Policy Abroad); 1969年, 曾担任美联社记者、后加入美国新闻署的约翰·W·亨德森(John W. Henderson)出版了《美国新闻署》(The United States Information Agency)一书。

同样是在六七十年代，一些新闻传播学者试图从国际传播与外交两者之间的关系角度探讨公共外交。比如，1968年，美国新闻学教授约翰·李(John Lee)出版的《外交劝说者：国际关系中大众媒体的新角色》(The Diplomatic Persuaders: New Role of the Mass Media in International Relations)，阐释了公众意见崛起对外交实践的影响。同年，爱德华·默罗公共外交研究中心研究员亚瑟·霍夫曼(Arthur Hoffman)编著的《国际传播与新外交》(International Communication and the New Diplomacy)出版，阐释了大众传播发展对外交的影响，以及公共外交的产生。

20世纪八九十年代出现了一些对美国和苏联公共外交活动的比较研究。比如，1986年，出生于波兰华沙的美国政治学者和历史学者理查德·F·斯塔尔(Richard F. Staar)编著出版了其个案集《公共外交：美国与苏联》(Public Diplomacy: USA versus USSR)。

另外，一些曾经供职于美国新闻署的官员从机构管理和协调外交政策的角度讨论了美国的公共外交实践。比如，1988年，曾担任美国新闻署副署长的吉弗德·D·马隆(Gifford D. Malone)出版的著作《政治倡导与文化传播：组织国家的公共外交》(Political Advocacy and Cultural Communication: Organizing the Nation's Public Diplomacy)，从信息和教育文化两个维度探讨美国的公共外交行为及其与外交政策之间的关系;1989年,前美国新闻署官员艾伦·C·汉森(Allen C. Hansen)出版了《美国新闻署:计算机时代的公共外交》(USIA, Public Diplomacy in the Computer Age)一书,讨论信息通讯技术的发展对公共外交的影响。

这期间还出现了以公共外交为主题的博士论文,比如,1990年,韩国学者金永浩(Kim Young Ho)的《公共外交与文化传播:国际访者计划》(Public Diplomacy and Cultural Communication: the International Visitor Program);1992年,美国学者南希·斯诺(Nancy Snow)的《作为文化协调者的富布莱特学者:一项探索性研究》(Fulbright Scholars as Cultural Mediators: An Exploratory Study)。

值得一提的是,冷战时期,美国的很多公共外交研究都采用了大众传播视角。比如,1990年,美国前外交官汉斯·N·塔克(Hans N. Tuch)出版其专著《与世界沟通:美国在海外的公共外交》(Communicating with the World: US Public Diplomacy Overseas),研究了美国之音(the Voice of America)在美国公共外交活动中的作用,突出了国际广播活动在美国公共外交实践中的重要地位。1994年,美国政治传播学者杰鲁尔·B·曼海姆(Jarol B. Manheim)和美国国际传播学者罗伯特·福特纳分别出版专著《战略性公共外交与美国对外政策:影响力的演变》(Strategic Public Diplomacy and American Foreign Policy: The Evolution of Influence)和《公共外交与国际政治:峰会与国际广播新闻的符号性建构》(Public Diplomacy and International Politics: the Symbolic Constructs of Summits and International Radio News)。这两位

媒体外交：理论与实践

学者开始立足于中观层面的传播模式和微观层面的国际新闻内容制作来考察美国的公共外交。这两本学术著作的出版标志着美国的公共外交研究逐渐由偏向实践经验总结向传播模式和新闻内容的探讨转变。令人遗憾的是，这一转变却因为冷战的结束戛然而止。

3. 2001年"9·11"事件后公共外交实践与研究的复兴

冷战结束后，美国的公共外交大面积收缩，标志性事件就是冷战时期风光无限的美国新闻署于1999年10月1日并入美国国务院，自此美国公共外交实践与研究一度沉寂。2001年"9·11"事件成为美国公共外交实践与研究复兴的转折点，突出表现为2002年"新公共外交范式"的提出。

2002年9月，美国智库——对外关系委员会（The Council on Foreign Relations）公布了其公共外交独立工作组（Independent Task Force on Public Diplomacy）对"9·11"事件后美国公共外交政策提出的建议报告。[①] 报告首先强调了在"9·11"事件之后的语境下公共外交的重要性，认为应该将其完全融入对外政策决策过程中；紧接着，在讨论国际语境的变化，特别是全球化和信息技术发展导致的传播模式变化的基础上提出了向"新公共外交范式"转型。值得注意的是，新公共外交的最终目的仍然是协助实现美国对外政策的目标，只不过鉴于语境的变化，突出了国家政府这一传统公共外交行为主体之外的私人领域（private sector）的加入，以及新传播技术带来的由单向、自上而下（one-way, push-down）的大众

---

① Peterson P. G., "Public Diplomacy and the War on Terrorism", *Foreign Affairs*, September/October, 2002, http://www.foreignaffairs.com/articles/58247/peter-g-peterson/public-diplomacy-and-the-war-on-terrorism, Retrieved on Dec. 28, 2013.

传播模式向定制、双向对话和讨论（customized, two-way dialogue and debate）的大众传播模式的转变。

"新公共外交范式"成了"9·11"事件后美国公共外交实践与研究的参考性框架。在此后几年，美国先后出现了讨论如何与国外公众，特别是与中东地区公众接触与互动的报告或建议，比如，美国前外交官威廉·A·鲁（William A. Rugh）在2004年编著的《通过公共外交与阿拉伯和伊斯兰世界接触：报告与行动建议》（Engaging the Arab & Islamic Worlds through Public Diplomacy: A Report and Action Recommendations）和前美国新闻署官员威廉·P·基尔（William P. Kiehl）在2006年主编的《美国与世界的对话》（America's Dialogue with the World），它们都立足个案研究，从政策建议角度探讨如何增强公共外交在对外政策制定和执行过程中的地位和作用。

这期间，从对外政策和国际关系视角考察美国公共外交实践的代表人物当属约瑟夫·奈（Joseph S. Nye）。1990年，奈在《外交事务》（Foreign Affairs）杂志上发表的名为《软实力》（Soft Power）的文章中最早提出"软实力"概念。他针对冷战后美国国内的衰退思潮，指出美国依旧具备强于其他国家的硬实力；更为重要的是美国在意识形态、制度资源等软实力领域的优势能够确保美国在冷战后相互依存的世界格局中占据领导地位。[1] 但是，奈的软实力概念在当时并未引起美国政界和学术界的共鸣。2003年，当美国凭借军事力量赢得伊拉克战争的胜利时，其声誉在中东地区却日

---

[1] Nye J. S., "Soft Power", Foreign Affairs, No. 80, 1990, pp. 153—171.

益恶化,从反面印证了奈在10多年前所提出的新的国际政治语境下软实力的重要性。自此,软实力概念开始获得美国政界和学术界的重视。2004年,奈在《软实力:世界政治的成功之道》(*Soft Power: The Means to Success in World Politics*)一书中完善了对软实力概念的阐释。在这本专著中,奈用一章的篇幅来专门论述实际运用软实力(wield soft power)的路径——公共外交。他在简要回顾美国新闻署的公共外交实践的基础上,提出信息时代美国公共外交的出路在于"更加有效地传播,而且需要倾听"[1]。他立足于政府这一行为主体,关注政府主导的公共外交应如何通过与其他行为主体合作、改变过去单向传播模式来实现影响外国公众意见的目的。这里所指的传播,不仅包括政府通过大众媒体进行的国际信息传播,还包括富布莱特等文化教育交流项目的跨文化人际传播。

2002年,加拿大学者伊凡·H·波特(Evan H. Potter)编著了《网络外交:21世纪的对外政策管理》(*Cyber-diplomacy: Managing Foreign Policy in the Twenty-first Century*)一书,这是一本较早探讨传播技术发展,特别是互联网的出现对传统外交和国际关系影响的论文集。2009年,波特又出版专著《品牌化加拿大:以公共外交的方式呈现加拿大的软实力》(*Branding Canada: Projecting Canada's Soft Power through Public Diplomacy*),系统阐述了加拿大政府如何采用文化教育交流项目和国际广播等公共外交方式在国际舞台上呈现加拿大的国家身份。在波特的研究中,国

---

[1] Nye J. S., *Soft Power: The Means to Success in World Politics*, New York: Public Affairs, 2004, pp. 99-125.

际传播只是公共外交的一个组成部分,他的立足点仍然是讨论公共外交应该如何为国家的整体对外政策服务。

这期间,美国美利坚大学(American University)的两位学者朗达·扎哈娜(Rhonda Zaharna)和克雷格·海登(Craig Hayden)从传播视角,通过个案研究探讨了传统公共外交行为主体,即国家政府如何在新的全球化语境下实施有效的公共外交。朗达·扎哈娜在2010年出版的《从战争到桥梁:"9·11"事件后美国的战略传播与公共外交》(*Battles to Bridges:US Strategic Communication and Public Diplomacy after 9/11*),立足网络社会理论,探讨了新的传播技术,特别是社交媒体对公共外交传播带来的影响。克雷格·海登在2012年出版的《软实力的修辞:全球语境下的公共外交》(*The Rhetoric of Soft Power:Public Diplomacy in Global Contexts*),通过分析日本、委内瑞拉、中国和美国的软实力政策话语和具体的公共外交实践,从比较研究中探讨软实力与公共外交之间的关系。

这期间,还有两本颇具理论价值的论文集值得一提。一本是2008年由美国之音前总监杰弗里·考恩(Geoffrey Cowan)和尼古拉斯·卡尔编著的《一个变化世界中的公共外交》(*Public Diplomacy in a Changing World*)[①],从理论角度探讨了公共外交的传播模式和理论建构,对美国、古巴和中国等国家的公共外交实践进行了个案研究。另一本是2009年由南希·斯诺和英国学者菲利普·M·泰勒(Philip M. Taylor)编著的《罗特里奇公共外交手册》

---

① 该论文集也是《美国政治与社会科学院年鉴》(*Annals of the American Academy of Political and Social Science*)第616卷。

媒体外交：理论与实践

(*Routledge Handbook of Public Diplomacy*)，从公共外交的发展历史、多元行为主体以及德国、中国、日本等国家的公共外交个案等方面探讨了"9·11"事件后公共外交的发展方向。

此外，一些前美国新闻署官员也在这期间出版了总结美国冷战期间公共外交实践的著作，并主要围绕美国新闻署展开。比如，2004年，美国前外交官威尔逊·P·迪扎德（Wilson P. Dizard）的《发明公共外交：美国新闻署的故事》(*Inventing Public Diplomacy: the Story of the U.S. Information Agency*)；2008年，美国前外交官耶尔·理查蒙德（Yale Richmond）的自传式著作《践行公共外交：一场冷战奥德赛》(*Practicing Public Diplomacy: A Cold War Odyssey*)。

综上所述，北美地区的公共外交研究可以追溯至美国在两次世界大战中的宣传研究，正是因为这一渊源，大众传播视角一直是北美地区公共外交研究的重要维度。这里的传播不仅包括由政府主导、大众媒体承担的国际传播，还包括政府主导的文化教育交流等跨文化人际传播。"9·11"事件后，软实力概念开始广泛出现于公共外交的研究文献中，而软实力概念的提出者约瑟夫·奈更是把公共外交视为将各种软实力资源转化为现实影响力的主要途径。"新公共外交范式"代表着"9·11"事件后美国公共外交实践和研究的新方向，它强调了非国家政府行为主体的加入以及向定制、双向对话和讨论的大众传播模式的转变。但是，从现有文献来看，北美地区的公共外交研究关注更多的还是国家政府行为主体，对其他类型行为主体的研究较少；服务于国家整体对外政策依旧是新公共外交的立足点与目标，因此从宏观对外政策和国际关系角度考察公共外交的研究较多。新公共外交视野下的传播依旧包含两个维度,即国际传播和跨文化人际传播,虽有学者开始关注新语境下的国际传播维度,但总体而言,对传播维度的研究还较少。

(二)欧洲地区的公共外交研究

在英国,利兹大学(University of Leeds)国际传播教授菲利普·泰勒是较早关注并研究公共外交的英国学者,他对于公共外交的兴趣源于他之前对战时宣传和国际传播的研究。他的高徒、现美国南加州大学公共外交硕士项目主任尼古拉斯·卡尔自20世纪90年代开始研究美国的公共外交,从历史角度研究冷战时期的美国公共外交,于2008年和2012年先后出版《冷战与美国新闻署:1945年—1989年美国的宣传与公共外交》(*The Cold War and the United States Information Agency: American Propaganda and Public Diplomacy*)和《美国新闻署的衰落:1989年—2001年美国的公共外交》(*The Decline and Fall of the United States Information Agency: American Public Diplomacy*)两本专著,详细勾勒了美国自冷战至2001年"9·11"事件发生前的公共外交图景。2013年,学者阿里·费希尔(Ali Fisher)出版了《合作性公共外交:跨国网络如何影响欧洲的美国研究》(*Collaborative Public Diplomacy: How Transnational Networks Influenced American Studies in Europe*)一书,基于网络社会理论,以冷战时期欧洲的美国研究团体为研究对象,探讨跨国学术研究网络在公共外交中所起到的协商与合作作用。同年,印度裔国际传播学者达雅·K·屠苏(Daya K. Thussu)出版了《传播印度的软实力:从佛教到宝莱坞》(*Com-*

municating India's Soft Power: *Buddha to Bollywood*)一书,在全球语境下从国际传播视角探讨印度的文化影响力。

此外,由前英国首相托尼·布莱尔(Tony Blair)在1998年资助成立的英国智库——对外政策研究中心(Foreign Policy Center)是英国公共外交研究的重要机构。2002年,该中心出版的《公共外交》(*Public Diplomacy*)一书将新闻管理(news management)、战略性传播(strategic communication)和关系建构(relationship building)列为公共外交的三个维度;合作和竞争是两种公共外交类型;同时提出非政府外交(NGO diplomacy)、海外移民外交(Diaspora diplomacy)、政党外交(political party diplomacy)、品牌外交(brand diplomacy)和商业外交(business diplomacy)五种公共外交工具。[①]

在欧洲,位于荷兰海牙的荷兰国际关系研究所(Netherlands Institute of International Relations)是公共外交研究重镇,该研究所的出版物《海牙外交季刊》(*The Hague Journal of Diplomacy*)经常刊登关于公共外交的文章。研究所高级研究员扬·梅里森(Jan Melissen)在2005年编著出版了《新公共外交:国际关系中的软实力》(*The New Public Diplomacy*: *Soft Power in International Relations*)一书,立足外交学,从理论和实践两个层面详细阐释了新公共外交。研究所中国问题专家高英丽(D'Hooghe Ingrid)发表过多篇关于中国公共外交的文章,比如,《中国软实力在欧洲所面临的问题》(*The Limits of China's Soft Power in Europe*:

---

① Leonard M., Stead C. & Sewing C., *Public Diplomacy*, The Foreign Policy Center, 2002, http://fpc.org.uk/fsblob/35.pdf, Retrieved on Dec. 28, 2013.

Beijing's Public Diplomacy Puzzle)被收入 2011 年出版的《东亚的公共外交与软实力》(*Public Diplomacy and Soft Power in Eastern Asia*)一书。

除此之外,还值得一提的是瑞典卡尔斯塔德大学(Karlstad University)助理教授杰姆斯·帕蒙特(James Pamment)在 2013 年出版的《21 世纪的新公共外交:一项政策与实践的比较研究》(*New Public Diplomacy in the 21st Century：A Comparative Study of Policy and Practice*)一书和德国学者克劳蒂亚·奥尔(Claudia Auer)、爱丽丝·舒吉思(Alice Srugies)同年发表的《德国的公共外交》(*Public Diplomacy in Germany*)一文,他们都试图从传播学角度探讨新公共外交。其中,帕蒙特的讨论开始涉及微观话语层面和社交媒体的使用,但他关注的仍是传统公共外交行为主体——国家政府,尤其是外交部门应如何利用新兴媒体来实现有效的公共外交传播。

(三)亚洲地区的公共外交研究

在亚洲,由六位日本学者共同完成的《公共外交:"舆论时代"的外交战略》[①]一书对公共外交概念进行了梳理,通过个案研究介绍了美国、英国、中国和日本的公共外交实践,并在此基础上对日本的公共外交提出了政策性建议。

在亚洲,韩国的公共外交实践一直较为活跃,最具代表性的就是 2008 年至 2012 年李明博担任总统期间推出的旨在提升韩国全

---

① 〔日〕金子将史、北野充:《公共外交:"舆论时代"的外交战略》,《公共外交》翻译组译,外语教学与研究出版社 2010 年版。

球形象的国家品牌建构(nation branding)战略。在学术研究领域，韩国学者李淑荣(Sook Jong Lee)与荷兰学者扬·梅里森在 2011 年编著出版的《东亚的公共外交与软实力》(*Public Diplomacy and Soft Power in Eastern Asia*)一书，在软实力框架下通过个案研究介绍了韩国、日本、中国等东亚几国的公共外交实践。

还值得一提的是以色列巴伊兰大学(Bar Ilan University)传播学院教授伊坦·吉阿博(Eytan Gilboa)，他是目前公共外交学者中为数不多的从大众传播视角研究媒体与外交、国际(新闻)传播与对外政策关系的学者。他曾撰文提出公共外交理论的建构，并建议立足国际关系的建构主义视角来考察公共外交，认为公共外交所关注的吸引力和影响力都是以建构主义为基础的。[①]

由于语言限制，笔者无法搜集并阅读欧洲和亚洲地区英文以外的其他外语文献，仅从以上综述可以看出，欧洲和亚洲地区的公共外交研究一定程度上都吸收了美国公共外交研究的成果，特别是对软实力概念的吸收与运用。与此同时，英国学者的历史与国家品牌建构视角、荷兰国际关系研究所的外交学视角和以色列吉阿博教授的大众传播视角又体现出公共外交研究视角的多样化。当然，总体而言，美国的公共外交研究依旧占据主导地位。

二、国内的公共外交研究[②]

20 世纪八九十年代之交，国内学者在关注冷战后美国外交政

---

① Gilboa E., "Searching for a Theory of Public Diplomacy", In Cowan G. & Cull N. J. (eds.), *Public Diplomacy in a Changing World*, Oaks: Sage, 2008, pp. 55—77.
② 本书所指的国内公共外交研究不包括香港、澳门和台湾地区。

策新动向时提到了公共外交概念①。根据笔者在中国知网（CNKI）数据库对主题词"公共外交"的搜索，可以发现"公共外交"一词最早出现在中国社会科学院美国研究所前所长资中筠于1988年发表在《美国研究》第1期上的一篇题为《略论美国战后外交的若干特点》的文章中。文中，资中筠将公共外交理解为文化宣传："其首要任务是'支持美国外交政策，换言之，就是政治宣传'。"②

1990年，周启朋、杨闯等编译的《国外外交学》摘译了1986年版《国际公法百科全书》第9卷中关于公共外交的介绍。这篇译介只有一页纸的篇幅，言简意赅地介绍了第一次世界大战后公共外交在国际关系中的重要作用。"公共外交是秘密外交的相对物"，美国第28届总统威尔逊在"十四点"计划中所提及的"公开""公众监督"是公共外交的本质和要旨所在。③

2000年，南开大学的韩召颖博士出版了国内第一部公共外交学术专著——《输出美国：美国新闻署与美国公众外交》。韩召颖以冷战时期美国公共外交的主要执行者——美国新闻署为研究对象，梳理与分析了美国新闻署的演变史和职能，将公共外交作为具象的学术名词。当然，这部专著还是以引介为主，分析性观点较少。

2007年，复旦大学的赵可金博士出版了《公共外交的理论与实践》一书，试图从理论分析和案例剖析两个维度，通过文献研究和比较研究，梳理公共外交的理论基础，为中国公共外交实践提供参考。

---

① 在早期中文文献中，学者大都将public diplomacy翻译为"公众外交"，本书统一援引为"公共外交"。
② 资中筠：《略论美国战后外交的若干特点》，《美国研究》1988年第1期，第29页。
③ 周启朋、杨闯等编译：《国外外交学》，中国人民公安大学出版社1990年版。

赵可金认为,公共外交是全球化和公民社会崛起背景下外交公开化和社会化的必然产物。国际关系理论由"权力政治"到"心灵政治"的转移构成了公共外交的主要理论背景,"国家形象"是公共外交的核心,公共外交主要包括"国际媒体传播、政府公关和教育文化交流"三大内容,媒体外交、政府公共外交和文化外交是其主要表现形式。[①]赵可金基于国内外现有的理论文献勾勒出了公共外交研究的基本框架与实施路径,在理论梳理与案例总结方面进行了细致研究,为中国公共外交理论建构作了有益的理论铺垫。

当21世纪进入第二个十年,国内涌现出不少专门研究公共外交的专著和教材。比如,2010年,北京外国语大学仵胜奇博士出版的《布什政府中东公共外交》;2011年,中国人民大学新闻学院院长赵启正教授的《公共外交与跨文化交流》、赵可金博士的《软战时代的中美公共外交》和北京大学檀有志博士的《美国对华公共外交战略》。我国第一本公共外交教材——《公共外交概论》也在此时问世。与此同时,国内还出现了专门的公共外交研究机构。比如,2009年,致力于公共外交研究的民间智库——察哈尔学会成立;2010年,中国第一个校级公共外交研究中心——北京外国语大学公共外交研究中心成立。

(一)国内公共外交研究的特点

为了归纳目前国内公共外交研究的特点,笔者再次利用中国知网(CNKI)中文期刊资料库,输入关键词"公共外交"进行搜索,

---

① 赵可金:《公共外交的理论与实践》,上海辞书出版社2007年版,第24页。

对截至2014年年底的3537篇期刊文章进行阅读与梳理(见图1)。尽管中国知网数据库没有收录国内所有的公共外交研究成果,但基本囊括了发表在国内重要学术期刊上的相关成果。笔者此举意在管中窥豹,概述国内公共外交研究的现状及特点。

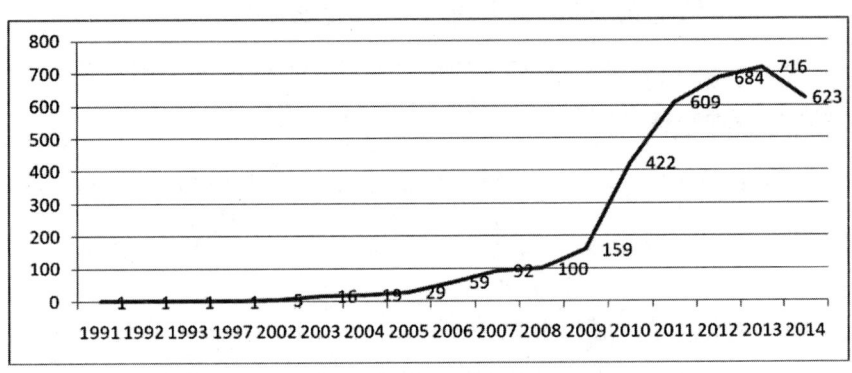

图1 中国知网"公共外交"研究文献数量(1991—2014年)

基于对国内公共外交研究历程的回顾,同时结合对中国知网数据库公共外交期刊文章的阅读可以发现,自2001年起,国内学术界出现的公共外交文献逐渐增多,2008年后数量急剧增加。从内容上来看,目前国内的公共外交研究具有以下特点:

第一,2001年的"9·11"事件成为国内学者开始关注公共外交的主要动因,特别是美国政府在"9·11"事件后的公共外交实践成为国内学者的主要研究对象。这一点直接反映在以上所列举的专著名称上,这些专著大都以美国的公共外交为研究主题,偏重实践经验的总结和讨论,较少涉及理论层面的探讨。

第二,目前国内公共外交研究的重点依旧是传统行为主体,即国家政府。当然,也有一些学者开始关注非民族国家行为主体,比如对非政府组织[①]、国际组织[②]、民间智库[③]、跨国公司[④]、海外华侨[⑤]、政治人物[⑥]和留学生群体[⑦]等公共外交行为主体的讨论。

第三,2008年北京奥运会和2010年上海世博会是导致2008年后国内公共外交研究文献数量急剧增加的主要原因。值得注意的是,自2008年起,国内公共外交学者逐渐摆脱经验性总结"9·11"事件后美国公共外交实践的研究框架,开始探索中国语境下的公共外交理论体系。

第四,国内的公共外交研究主要立足于两大视角,即国际关系视角和大众传播视角。

(二)国际关系视角

国内较早关注公共外交的学者大都来自国际关系领域,特别是美国研究方向,代表人物如上文所提及的赵中筹。可以说,国内公共外交研究从一开始就有着深深的"美国烙印",这可以从两个方面来理解:一是公共外交概念出自美国。美国前外交官、塔夫茨大学弗莱彻法律和外交学院院长埃德蒙德·古利恩在1965年提出的公共外交定义至今被中国学者广泛引用,再加之美国冷战期间

[①] 罗建波:《非洲非政府组织与中非关系》,《现代国际关系》2008年第4期。
[②] 曹展明:《北大西洋公约组织公共外交管窥》,《学理论》2011年第1期。
[③] 林玲:《"第五种权力":美国思想库与对华政策》,《内蒙古民族大学学报》(社会科学版)2011年第2期;王莉丽:《美国思想库在公共外交中的角色和功能》,《红旗文稿》2011年第1期。
[④] 莫盛凯、夏安凌:《跨国公司的公共外交价值及其开发利用》,《江汉论坛》2011年第9期;毕研韬:《中国企业海外形象塑造:战略传播视角》,《科技智囊》2011年第10期。
[⑤] 金正昆、孙冰冰:《海外华侨华人参与:当代中国侨务公共外交路径研究》,《社科纵横》2012年第11期;王伟男:《侨务公共外交:理论建构的尝试》,《国际展望》2012年第5期。
[⑥] 赵新利:《温总理访日期间的公共外交艺术探析》,《青年记者》2010年第33期。
[⑦] 赵新利:《留学生公共外交与对外传播》,《对外传播》2012年第3期。

的公共外交实践令世人瞩目,中国学者在谈及公共外交时经常以美国为例也就不足为奇了;二是,自"二战"以来,随着美国话语霸权的形成,裹挟着美国外交意志或意识形态的国际关系理论成为主流的国际关系理论。① 在这一主导理论范式的指导下,国内的公共外交研究带有"美国烙印"实属必然。

事实上,"美国烙印"更加明显地体现在同样舶来于美国的"软实力"概念上。1993年,王沪宁在《作为国家实力的文化:软权力》一文中最早引入了美国哈佛大学教授约瑟夫·奈在1990年提出的软实力概念。然而,正如软实力概念在"出生地"美国所经历的境遇一样②,在最初引介之时,软实力并未立即成为国内国际关系研究的热点。2001年"9·11"事件后,软实力概念的解释为学术界所青睐,国内一些国际关系学者才开始关注、研究软实力概念。正是在诠释软实力概念的过程中,这些学者开始将目光转向公共外交研究。与奈的观点相似,这些学者倾向于把公共外交视为将软实力资源转换成实际影响力、吸引力,建构国家形象、获取国外公众认同的一种手段。③

---

① 唐小松、王义桅:《公共外交对国际关系理论的冲击:一种分析框架》,《欧洲研究》2003年第4期,第62—72页。
② 奈在1990年提出软实力概念时并未引起美国政界和学术界的共鸣。随着2001年"9·11"事件的发生,特别是2003年美国凭借军事力量赢得伊拉克战争的胜利,美国在中东地区的声誉随之日益恶化,这反而印证了奈在10多年前所提出的新的国际政治语境下软实力的重要性。自此,软实力概念开始获得美国政界和学界的重视,并逐渐深受国际学术圈的青睐。
③ 庞中英:《国际关系中的软力量及其它——评美国学者约瑟夫·奈的〈注定领导〉》,《战略与管理》1997年第2期,第51—59页;韦宗友:《权力、软权力与国家形象》,《国际观察》2005年第5期,第39—45页;蒋昌建:《波动中的软实力与新公共外交》,《现代传播》2011年第8期,第55—60页;檀有志:《软实力战略视角下中国公共外交体系的构建》,《太平洋学报》2011年第3期。

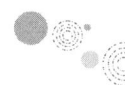

媒体外交：理论与实践

综观国内公共外交学者的研究发现，自2001年开始，相关文献数量逐渐增加。就国内的国际关系学者来说，既然"9·11"事件是促成他们关注公共外交的主要动因，那么，"9·11"事件后美国政府的公共外交实践自然成了他们的主要研究对象。

比如，唐小松和王义桅梳理了"二战"以来美国历届政府公共外交实践的发展脉络，叙述了"9·11"事件后布什政府重振公共外交的经过；同时从国际关系理论的产生、发展和所面临问题的角度，讨论将公共外交纳入国际关系理论的可能性，尝试探讨公共外交的学理性。他们认为，公共外交是对"国际关系中冲突常有而合作不常有的'无政府状态'前提"的挑战，因为公共外交"强调外交实施国（主体）与国外民众（受体）的'合作'关系"。① 经典现实主义的"威望政策"、当代现实主义的"赢得人心战略"、自由主义的"网络共同体"和建构主义的"身份和认同理念"为公共外交提供了理论根源。② 赵可金基于美国的公共外交实践提出："强调道德原则和意识形态的理想主义理念实际上是公共外交的逻辑。"③

综上所述，中国公共外交研究的国际关系从一开始就带有深深的"美国烙印"。2001年的"9·11"事件是国内国际关系学者关注、研究公共外交的转折点。在这些学者看来，公共外交更多地是指一国将软实力资源转变成国际舞台上富有吸引力的形象、影响和改变国外公众及国际舆论对本国态度的途径与工具。

---

① 唐小松、王义桅：《从"进攻"到"防御"——美国公共外交战略的角色变迁》，《美国研究》2003年第3期，第74—86页。
② 唐小松、王义桅：《公共外交对国际关系理论的冲击：一种分析框架》，《欧洲研究》2003年第4期，第62—72页。
③ 赵可金：《美国公共外交的兴起》，《复旦学报》（社会科学版）2003年第3期，第86—92页。

(三)大众传播视角

龚文庠是国内较早关注公共外交传播维度的学者,他认为:"所谓'公共外交'就是通过宣传灌输,以正当或不正当的手段动员公众支持政府的对外政策。"[①]在他看来,公共外交是美国"说服式"对外政治宣传的一种方式。将公共外交视为一种政治宣传方式并非偶然,事实上,它具有一定的学理背景。一方面,根据英国学者尼古拉斯·卡尔对"公共外交"一词起源的考证,古利恩最初想用"宣传"一词来概括"公共外交"一词的含义,由此可见,公共外交与宣传有着很深的渊源。另一方面,"公共外交"一词的发源地是美国,公共外交研究可以追溯至美国在两次世界大战中的宣传研究,而"二战"后以行政和市场为导向的美国实证传播研究直接影响了美国的公共外交研究。20世纪90年代,中国学者引介公共外交时就洞悉了这一渊源,并指出了公共外交研究的大众传播视角。但是,令人遗憾的是,从国内现有文献来看,相较于立足国际关系视角的公共外交研究,立足大众传播视角的公共外交研究偏少。在这类文献中,跨文化传播与媒介技术变革成为主要的研究角度。

李智从跨文化传播角度研究文化外交,探讨文化外交对国家在国际社会中树立威望的作用机制。他认为,鉴于文化交流在国家政府与国际公众交往中发挥的重要作用,应该将其看作是一种重要的公共外交形式。他指出,文化外交以跨文化传播为基础,"双向沟通"和"注重在交流与互换彼此意向中达成公认与共识"是

---

① 龚文庠:《宣传的幻术——美国政治传播中媒介手段的运用》,《国际政治研究》1993年第4期,第66页。

媒体外交:理论与实践

其特点。文化外交的目的在于"通过文化信息和价值观念的对外投射和相互流通,产生'文化(吸引)力'"①,从而建构起与他国的身份认同关系,在国际社会中树立起应有的国际声望,在这个过程中,国际大众传播媒介是实施文化外交策略的重要手段。②

媒介技术向来是大众传播研究的重要方面,一些新闻传播学者从这个角度出发,探讨了媒介技术发展对公共外交传播模式、公共外交主客体变化产生的影响。胡泳基于网络社会理论提出网络外交(network diplomacy)概念,认为网络科技所架构的全球性"联结"促成了"虚拟国际社群网络"的形成,由此对"传统上由外交官体系主导的国际政治"构成了挑战,因为"更多'非政府行动者'通过各种方式介入外交决策过程,影响民意,分享国际政治权力"。③胡泳的网络外交概念超越了单纯技术层面的探讨,深入剖析了传播技术发展对公共外交的影响。一方面,他注意到网络科技发展带来了全球性网络社会,以及由此产生了公共外交传播主体构成的变化,即"非政府行动者"的进入;另一方面,他意识到网络科技促成了网络虚拟共同体的形成,这就意味着公共外交传播的收受主体——公众在被赋予新的传播技术的条件下不仅增强了个体主体性,还加强了彼此间的联系,形成了虚拟共同体。

周庆安探讨了公共外交的传播模式,认为现有的公共外交传播模式依旧立足于主体、渠道和受众,媒体和国际政治是公共外交的两大建构因素。目前,两大因素的变化,特别是传播技术的发展

---

① 李智:《论文化外交对国家国际威望树立的作用》,《学术探索》2004年第10期,第93页。
② 李智:《试论文化外交》,《外交学院学报》2003年第1期,第87页。
③ 胡泳:《新媒体时代的公共外交》,《现代传播》2011年第9期,第104—109页。

给公共外交传播模式带来了深刻变化。①

钟新和陆佳怡以 Web 2.0 技术为切入口,从传播内容和传播模式两个层面研究了外国驻华使馆在博客、微博等社交媒体平台上的公共外交实践。② 她们认为,以博客和微博为代表的 Web 2.0 技术为外国驻华使馆提供了直接接触中国公众的机会。借助于新的传播技术,公共外交实现了嵌入社会网络的实时传播,驻华大使成为个人品牌,传播主体——驻华使馆日渐成为平台的提供者,并有效整合了公共外交资源,收受主体——中国公众的声音被更多地聆听。

在这类公共外交研究中,学者主要还是关注国家政府的公共外交实践。③ 他们基于传播机制考察了公共外交对国家形象塑造和国际声望树立的作用,特别关注媒介技术发展所导致的传播模式变化,以及由此带来的公共外交主客体互动关系的变化。这类研究旨在探讨国家如何有效触及并影响目标受众,从而营造有利于自身的国际舆论环境。

---

① 周庆安:《从传播模式看 21 世纪公共外交研究的学术路径》,《现代传播》2011 年第 8 期,第 60—63 页。
② 钟新、陆佳怡:《公共外交 2.0:美国驻华使馆微博博客研究》,《国际新闻界》2011 年第 12 期,第 47—54 页。
③ 唐小松、王义桅:《美国公共外交研究的兴起及其对美国对外政策的反思》,《世界经济与政治》2003 年第 4 期,第 22—27 页;刘国华、李阵:《日本公共外交:演化过程、主要途径和制肘因素》,《日本问题研究》2007 年第 2 期,第 42—47 页;许华:《俄罗斯的软实力外交与国际形象》,《国外社会科学》2009 年第 5 期,第 77—81 页;钟新、何娟:《英国:从文化外交到公共外交的演进》,《国际新闻界》2010 年第 7 期,第 19—26 页;唐小松、吴秀雨:《加拿大新公共外交评析》,《国际论坛》2010 年第 6 期,第 1—5 页;蒋蓓、伍慧萍:《德国对华公共外交:以"德中同行"活动为例》,《欧洲研究》2011 年第 4 期,第 32—49 页;唐小松、赵波:《加拿大对欧盟公共外交评析》,《国际观察》2013 年第 6 期,第 43—49 页。

三、中国媒体国际传播力研究现状

(一)国外关于中国媒体国际传播力的研究

根据目前所获得的英文文献,笔者没有发现与中文"国际传播力"完全相对应的英文专用词汇,很多相关文献在讨论这一问题时将其描述为国际传播(international communication)、国际广播(international broadcasting),或者统称为媒体与传播(media and communication)。国外研究中国媒体国际传播力的学者大致可以分为两类:一类是华人学者,另一类是中国问题专家。

1. 国外华人学者的研究

在北美地区,加拿大的华人学者赵月枝在1998年和2008年先后出版的《中国的媒介、市场与民主》(*Media, Market and Democracy in China*)和《中国的传播:政治经济、权力与矛盾》(*Communication in China: Political Economy, Power, and Conflict*)两本专著中,从政治经济学角度论及改革开放后和中国加入世界贸易组织(WTO)后如何以"引进来、走出去"的方式加入国际传播领域。美国南加州大学公共外交研究中心主任王坚(Jay Wang)在2010年编著的《中国的软实力:建立在传播基础上的公共外交》(*Soft Power in China: Public Diplomacy through Communication*)一书中汇集了多位海外华人学者和海外中国问题专家的个案研究,其中就有学者以《北京周报》(*Peking Review*)为例,论述这一传统公共外交工具呈现的中国形象;还有学者以中央电视台英语频道(CCTV International)为例,研究中央电视台的国际传播发展历程与所面临的问题。

在欧洲,英国威斯敏斯特大学中国媒体研究中心(China Media Center)的辛欣在2012年出版的《市场如何改变中国的新闻:以新华社为例》(*How the Market is Changing China's News: The Case of Xinhua News Agency*)一书中,以新华社为研究对象,立足新闻实践本身,通过文献研究和访谈,讨论市场化和全球化对新华社乃至中国媒体转型带来的影响。英国诺丁汉大学当代中国学学院(School of Contemporary Chinese Studies)研究员张黎(音译)(Zhang Li)在2011年出版的《新闻媒体与欧盟－中国关系》(*News Media and EU－China Relations*)一书中,通过对《人民日报》中呈现的欧盟形象和欧洲媒体上中国形象的历时研究,探讨了冷战结束以来,新闻媒体在欧盟与中国关系中发挥的作用。2012年,该院赖洪毅副教授与中国经济体制改革研究会高级研究员陆一一编著出版的《中国的软实力与国际关系》(*China's Soft Power and International Relations*)一书,用一章的篇幅专门讨论了中国国际传播所面临的问题。

2. 国外中国问题专家的研究

2009年,新西兰学者安琳(Anne-Marie Brady)出版《营销独裁:当代中国的宣传与思想工作》(*Marketing Dictatorship: Propaganda and Thought Work in Contemporary China*)一书,在梳理中国宣传体制发展历程的基础上,讨论了经济改革对中国宣传体制和思想工作带来的影响,认为当前中国的宣传体制正在经历变革,旨在塑造一个新的中国形象。

2013年,美国中国问题专家沈大伟(David Shambaugh)出版《中国走向全球:不完全大国》(*China Goes Global: The Partial Power*)一

书,从经济、文化、军事等不同视角讨论中国在国际舞台上的地位。在文化部分,作者着力论述了软实力概念进入中国的历程,以及中国如何通过各种方式,包括新闻媒体的国际传播力建设来提升软实力。

综上所述,国外对中国媒体国际传播力的研究比较宏观,更多地是将其视为中国整体战略或媒体策略的一部分。尽管有些学者已经关注到中国的主流媒体,通过讨论这些媒体的国际传播发展历程和现实传播能力来验证新闻媒体的国际传播实践是否是有效的公共外交方式,是否有助于提升中国的软实力,但是,总体而言,类似的研究还较少,而且没有深入新闻媒体的核心业务——新闻内容。

(二)国内关于中国媒体国际传播力的研究

国内关于中国媒体国际传播力的研究在2009年之后大量出现,很大程度上是受《国际传播力规划》出台的影响。为了勾勒目前此类研究的大致框架,笔者根据不同的研究视角进行了一番梳理。

有些学者从软实力和综合国力的角度进行了宏观性研究,将媒体的国际传播力视为软实力和综合国力的必要组成部分。比如,陈梅在国家综合国力要素框架下探讨了国际传播力问题。[①] 邱凌将中国媒体的国际传播力置于中国如何提升软实力这一大背景下,从传播中国文化、中国政治价值观和中国外交政策等角度进行了探讨。[②] 吴立斌从发展软实力、提升话语权的角度分析了中央级

---

① 陈梅:《综合国力中的国际传播力研究》,载赵雪波(主编),《传播视野中的国际关系》,中国传媒大学出版社2006年版,第135—168页。
② 邱凌:《软实力背景下的中国国际传播战略研究》,复旦大学博士学位论文2009年。

媒体和非中央级媒体如何从传播内容、传播方式、传播渠道和产业化发展等方面增强国际传播力和国际竞争力。① 郭光华则从传播技术、传播内容和媒体专业素养等方面尝试进行国际传播能力框架的建构。②

有些学者从中国新闻媒体个案研究入手探讨国际传播力问题。比如,张治龙和庞博分别以中央电视台英语新闻频道和《中国日报》为例,研究中国主流媒体的国际传播力。③ 吴玲燕以中国第一份地方性英文日报——《上海日报》(*Shanghai Daily*)为研究对象,从生产力、传播力、影响力和有效话语权角度探讨中国地方英文媒体的国际传播力建设问题。④ 段艺琳以中央电视台中文国际频道(CCTV-4)、英语国际频道(CCTV-9)和西法频道(CCTV-E&F)为研究对象,从品牌打造、分台网络建设和节目内容制作等角度探讨中央电视台的国际传播力建设。⑤ 熊德以新华新闻电视网(CNC)为研究对象,从经济学、计量经济学和传播学角度分析跨国传播电视新闻媒体的内容、经营和传播策略,并尝试建立衡量和评估跨国传播电视新闻媒体国际传播力的体系。⑥ 2012年,新华社新闻研究所唐润华和吴长伟合著的《传播能力再造:新媒体时代的世界性通讯社》出版,这是国内第一部系统介绍通讯社发展的专著,书

---

① 吴立斌:《中国媒体的国际传播及影响力研究》,中共中央党校博士学位论文2011年。
② 郭光华:《新闻传播能力构建研究——基于全球化的视野》,人民出版社2013年版。
③ 张治龙:《中央电视台英语新闻频道国际传播能力建设研究》,中国人民大学硕士学位论文2011年;庞博:《公共外交视野下的媒体国际传播能力建设策略研究——以〈中国日报〉为例》,中国人民大学硕士学位论文2011年。
④ 吴玲燕:《试论中国地方英文媒体〈上海日报〉的国际传播》,重庆大学硕士学位论文2011年。
⑤ 段艺琳:《央视提升国际传播能力的策略研究》,山东大学硕士学位论文2012年。
⑥ 熊德:《中国电视新闻媒体跨国传播能力研究——以CNC为例》,武汉理工大学博士学位论文2012年。

中对新媒体时代世界性通讯社如何再造传播能力进行了探讨。

此外,还有学者从修辞角度研究了《中国日报》的社论,将研究对象锁定为代表媒体立场的社论,并采用了质化的话语修辞研究方法。①

综上所述,目前国内对中国媒体国际传播力的研究以个案研究为主,多数基于软实力和国家综合国力的研究;研究方法有量化的内容分析法,也有质化的话语修辞等方法。

第三节　研究问题与研究方法

一、研究问题

本书以十八大以来我国外交和对外传播领域所呈现的新特点为切入口,以中国六家主流媒体的实践为例,研究中国的媒体外交,同时参照其他国家,比如美国、英国、俄罗斯和中东地区国家的媒体外交实践。

具体来讲,本书主要研究以下三大问题:

第一,基于新闻学、传播学、外交学和社会学等学科领域的文献研究,梳理媒体外交概念的产生与发展过程,包括媒体外交概念在西方的提出和发展、媒体外交概念在中文语境下的含义、媒体外交的传播元素构成和传播特征及其所产生的效应。

---

① Liu L., *Interpersonal Rhetoric in the Editorials of China Daily: A Generic Perspective*, Bern: Peter Lang, 2010.

第二,基于哈罗德·拉斯韦尔(Harold Lasswell)的5W传播模式以及杰弗里·考恩(Geoffrey Cowan)、阿米莉亚·阿瑟诺(Amelia Arsenault)对公共外交三个层次的划分,即独白、对话和合作,尝试建立媒体外交的三种模式,即独白式媒体外交、对话式媒体外交和合作式媒体外交。在此基础上,通过个案研究和比较研究,分析和比较不同国家、不同行为主体的媒体外交行为,最终形成具有现实指导意义的媒体外交研究框架。

第三,基于对媒体外交概念的历史性、理论性梳理和对媒体外交三种模式的讨论,提出当下中国媒体外交实践的重点与着力点,直接服务于"讲好中国故事,传播好中国声音"这一对外传播目标。

简而言之,本书将立足于新闻学、传播学、外交学和社会学等学科领域,在理论性探讨媒体外交研究框架的基础上,结合中外媒体外交案例,一方面弥补当前国内外学界对媒体外交理论性探讨较少的缺陷,另一方面为十八大以来首脑、媒体机构和具有影响力的个人等行为主体的媒体外交实践提供理论性指导,凸显其学术和应用价值。

二、研究方法

在"理论篇",本书主要采用文献研究法。具体来说,第一章主要梳理从秘密外交、公开外交、公共外交到新公共外交的发展历程,辨析新公共外交的特点,阐明媒体外交是公共外交的重要组成部分。第二章主要通过梳理和辨析国内外学者对媒体外交的定义,给媒体外交下一个可操作性定义,同时基于拉斯韦尔的5W模式和公共外交的三个维度厘清媒体外交三种模式的构成要素和研究框架以及媒体外交的效应。

在"实践篇",本书主要采用个案研究法、比较研究法、框架分析法和访谈法。具体来说,第三章通过脑电波(EEG)测试获取《中国国家形象片——人物篇》在全球10个国家的神经生理反应指数,进而探讨独白式媒体外交的传播效果;同时,运用ICTCLAS2015软件,对十八大以来习近平主席的首脑独白式媒体外交文本进行词频分析,阐释其传递的内容。

第四章采用框架分析法,从框架元素和论证元素两个维度来研究2013年美国和俄罗斯媒体对叙利亚"化武事件"的媒体框架,在此基础上分析媒体作为行为主体的对话式媒体外交模式;同时采用个案研究和比较研究法,分析美国、英国和中东地区国家的媒体如何利用新兴媒体实现对话式媒体外交,并研究中国主流媒体的对话式媒体外交现状。此外,在分析2013年美俄媒体就叙利亚"化武事件"展开对话式媒体外交的基础上,探讨首脑的对话式媒体外交模式。

第五章主要采用个案研究法,以中央电视台英语新闻频道(CCTV NEWS)对2013年南非德班"金砖峰会"的报道为例,探讨作为传播渠道的媒体如何呈现行为主体之间的合作。通过个案研究法,本章还分析了媒体机构业务层面的合作,研究媒体同行共同举办的国际性活动。

三、资料采集

本书是笔者在修改和完善2014年5月答辩通过的博士论文《新公共外交视野下的中国主流媒体国际传播力研究》的基础上完

成的,有一半以上的内容都进行了重新撰写,增添了新的文献、新的案例和新的分析。

从博士论文到书稿撰写,笔者花费了大量的时间和精力来搜集资料。笔者在2011年9月进入中国人民大学新闻学院攻读博士学位之前就开始零星地搜集关于公共外交的资料,当时搜集的主要是中英文媒体上关于公共外交的报道。在博士学习的第一年,笔者利用中国人民大学图书馆的图书和数据库资源,有针对性地搜集并阅读了国内学者的公共外交研究成果。在博士学习的第二年,笔者有幸获得国家留学基金委的中美联合培养博士生资格,于2012年8月至2013年8月在美国南加州大学安尼伯格传播与新闻学院和公共外交研究中心访学一年。期间,笔者从南加州大学的Doheny图书馆、Leavey图书馆、VKC图书馆和公共外交研究中心获取了大量一手英文文献,同时利用南加州大学图书馆的互联网资源,浏览并下载了很多中国主流媒体和其他国际一流媒体在美国主要社交媒体上的视频资源。本书中提及的大部分英文文献以及个案研究中的大部分数据都来源于此。

访学期间,笔者还利用各种机会实地拜访或通过电子邮件、电话等途径采访了一些公共外交、新闻传播和国际关系领域的学者和权威人士,本书中的很多案例与分析都来源于与他们的思想碰撞。他们分别是:美国南加州大学公共外交硕士项目主任尼古拉斯·卡尔教授、美国南加州大学公共外交研究中心前主任菲利普·赛博(Philip Seib)教授、美国南加州大学公共外交研究中心主任王坚副教授、美国加利福尼亚州立大学富尔顿分校(California State University at Fullerton)南希·斯诺教授、美国南加州大学安

媒体外交：理论与实践

尼伯格传播与新闻学院汤姆·霍里汉（Tom Hollihan）教授、美国知名新闻人罗礼贤（Jim Laurie）、美国资深媒体专家 Jack C. Fensterstock、《人民日报》驻洛杉矶首席记者陈一鸣、《中国日报》洛杉矶办公室经理王军和中央电视台驻洛杉矶首席记者杨平。回国后，笔者有幸在2013年11月4日采访了前来中国人民大学讲学的荷兰学者扬·梅里森，并从他的讲课中获得了一些新的思路。

2014年7月，笔者博士毕业进入中国传媒大学新闻传播学部新闻学院担任讲师，之后开始博士论文的修改工作。期间，笔者多次就公共外交、中国主流媒体国际传播力建设和媒体外交等问题向刘昶院长请教，并与到访中国传媒大学新闻传播学部的相关国外学者就公共外交、国际传播和媒体外交等话题进行讨论。特别值得一提的是，2015年3月初，笔者在美国南加州大学访学期间的导师尼古拉斯·卡尔教授到北京参加会议，我有幸聆听了他关于未来公共外交的最新阐释，获益匪浅。

第四节　结构安排、难点与创新点

一、结构安排

本书主要分为"理论篇"和"实践篇"两大部分，旨在从理论和实践两个角度回答"媒体外交是什么"这个基本问题。

在"理论篇"，本书主要从文献研究入手，梳理了从秘密外交到公开外交，继而发展至公共外交的历史脉络，介绍了公共外交产生的时代背景，以及2001年"9·11"事件后提出的"新公共外交范式"

的本质。

在"理论篇",媒体外交的传播学解读和媒体外交研究框架是重点。在这部分,首先辨析了"媒体""媒介"和"传媒"三个概念之间的区别;其次,在梳理国内外学者对"媒体外交"概念解读的基础上,给"媒体外交"下了一个可操作性定义;再次,从传播学视角,提出媒体外交的三个层次,即媒体外交研究框架;最后,基于概念的解读,立足传播学和国际关系的建构主义视角,阐明媒体外交的四大效应。

"实践篇"是对理论篇的进一步阐释与展开,通过一个个鲜活、饱满的案例,对媒体外交研究框架进行解读。

二、难点和创新点

本书主要有三个待突破的难点:

第一,参照新闻传播、国际关系和社会学三个学科领域的相关理论,厘清媒体外交与公共外交的关系,阐明媒体外交的效应。

第二,以传播主体、传播内容、传播渠道(媒介)、收受主体和传播效果为横轴,以独白、对话和合作为纵轴,通过文献研究、个案研究和比较研究,立体解读媒体外交的三种模式,尝试建立媒体外交研究框架,丰富现有的国际传播和公共外交研究成果。

第三,探讨新兴媒体传播语境下媒体外交的价值与意义,为全球传播时代的对外传播工作提供方法指导。

本书旨在突破以上三个难点,即为本书的创新所在。

上篇 PART ONE
理论篇

第一章　外交、公共外交与新公共外交范式

概念是理论建构的基石,而概念诠释,即定义"可以使所有研究者'看见同一事物',理解研究对象是什么"[①]。换句话说,概念是"在一定研究视角内,解释纷杂社会现象的众目之纲,是学派、范式的定位点,也是理论和研究方法的基本单位和出发点"[②]。鉴于概念及其界定在理论建构与学术研究中的重要地位,本章首先厘清外交、公共外交和新公共外交概念之间的关系,归纳其发展历程与特点,阐明媒体外交是公共外交的重要组成部分。

第一节　外交、秘密外交和公开外交

在辨析公共外交(public diplomacy)概念前,笔者首先梳理外

---

① Turner J. H., *The Structure of Sociological Theory* (7th edition), Beijing: Peking University Press, 2007, p. 5.
② 郭中实:《概念及概念阐释在未来中国传播学研究中的意义》,《新闻大学》2008 年第 1 期,第 8—11 页。

交(diplomacy)(或传统外交)、秘密外交(secret diplomacy)和公开外交(open diplomacy)三个概念之间的关系。

一、外交、秘密外交和公开外交

自从国家诞生,处理国与国之间关系的外交便应运而生。最早的外交行为可以追溯到古希腊城邦时期,作为名词的"外交(diplomacy)"来源于古希腊语"diploma",原意是指古希腊使节和外交代表团出使各个城邦时持有的君主所颁发的书写在双层折叠纸上的官方文件。根据古希腊语释义,"diploma"具有两层含义:一是指秘密信息,二是指授予一定权力的官方文件。① 经过漫长的演变,直到1796年"diplomacy"才具有了"处理国际交往和谈判的艺术或技巧"②的含义。

在西方学界,被广泛引用的外交定义出自两位具有丰富外交经验的英国外交家哈罗德·尼克尔森(Harold Nicolson)和萨道义(Ernest Satow)。尼克尔森认为,外交是一种由大使和使节等职业外交人员以谈判方式来处理国际关系的方法。③ 萨道义认为,简单来说,外交就是指以和平方式来处理国与国之间的关系。④ 由此看出,在西方学界,外交主要是指国家通过专门的外交机构,以谈判等和平方式达成协议或约定,从而处理国家间的关系。在中国学

---

① Jonson C. & Hall M., *Essence of Diplomacy*, New York: Palgrave Macmillan, 2005, p. 67.
② 〔英〕萨道义:《外交实践指南》(第四版),中国人民外交学会编译室译,世界知识出版社1959年版,第26—27页。
③ 转引自周启朋、杨闯等(编译):《国外外交学》,中国人民公安大学出版社1990年版,第11页。
④ 〔英〕萨道义:《外交实践指南》(第四版),中国人民外交学会编译室译,世界知识出版社1959年版,第25页。

界,外交被界定为主权国家的行为,是指官方机构与人员通过交涉、谈判等和平方式处理国家关系,参与国际事务。外交的最终目的是维护本国利益,实施对外政策。①

由以上定义可以看出,首先强调了外交是主权国家对外行使主权的一种方式,主要由专门的外交机构和职业外交人员执行;其次,外交主要以谈判等和平方式达成协议或约定;最后,外交是一种方法或手段,不是目的,外交的最终目的是维护国家利益。

从外交的古希腊语词源"diploma"的含义可以看出,外交自诞生起就具有了秘密性质。这种性质正如18世纪法国作家勒·德洛尼(Le Trosne)所描述的那样:"外交是一门将自己隐藏起来的艺术,担心自己被人发现,认为只能在神秘的黑暗中存在。"②在第一次世界大战前,秘密外交(secret diplomacy)作为最主要的外交形式发挥着重要作用。在秘密外交时代,外交实践主要由各国训练有素的外交人员通过谈判达成一定结果而实现,对外政策从制定到实现的整个过程都秘密进行,不对外公开,没有公众的参与。然而,1914年爆发的第一次世界大战改变了这一局面。"一战"后,人们在总结"一战"经验时将"一战"爆发的原因归咎于秘密外交,认为正是那些不负责任的政客"为个人谋私利而达成各种秘密条约"③致使战争爆发。事实上,"一战"后国际政治环境的变化和传播技术的发展也从客观上推动了外交领域的变化,公开外交(open diplomacy)势在必行。

---

① 鲁毅等:《外交学概论》(第2版),世界知识出版社2004年版,第5页。
② 转引自 Jonson C. & Hall M., *Essence of Diplomacy*, New York: Palgrave Macmillan, 2005, p.2.
③ 赵可金:《公共外交的理论与实践》,上海辞书出版社2007年版,第6—7页。

二、"十四点"计划开启了秘密外交向公开外交过渡的进程

谈及20世纪初的外交公开化进程就必须提到一个关键人物,他就是美国第28届总统伍德罗·威尔逊(Woodrow Wilson)。

1918年1月8日,在"一战"结束前夕,时任美国总统的威尔逊在国会发表演说,提出了"十四点"计划,倡导"以公开方式缔结公开的和平条约"[1],"外交应当永远坦率地、在公众观察下进行"[2]。此时距离美国加入"一战"不到一年时间,"一战"也进入了最后的各国较量阶段。威尔逊在这个时候提出"十四点"计划,可以被看成是对欧洲大陆自"一战"以来对秘密外交愈加仇视态度的回应;从更深的层次来看,"十四点"计划所体现的"公开化"精神是对17、18世纪以来,以欧洲大陆为中心,实际是对以法国为中心的外交提出挑战。威尔逊在"十四点"计划中倡导的"公开方式"和"公众观察",开启了外交公开化的进程,是秘密外交向公开外交过渡的转折点。然而,作为自由主义代表的威尔逊当时所提出的一系列主张,并未能在"一战"后现实主义占上风的国际政治领域成为主流。

三、传播技术的发展和公众意见的日益卷入

18世纪60年代和19世纪70年代的两次工业革命分别开启了"蒸汽时代"和"电力时代",从客观上加快了外交实践的步伐,改

---

[1] Cull N. J. , "Public Diplomacy before Gullion: The Evolution of a Phrase", In Snow N. & Philip M. P. (eds.), *Routledge Handbook of Public Diplomacy*, New York: Routledge, 2009, p. 20.

[2] 转引自赵可金:《公共外交的理论与实践》,上海辞书出版社2007年版,第7页。

第一章 外交、公共外交与新公共外交范式

变了外交实践的形式。19世纪初,汽船和铁路的出现大大提高了外交人员的流动性。19世纪中叶,电报的发明缩短了时空距离,既减轻了外交人员的车马劳顿之苦,又实现了政府间的直接沟通。20世纪初,飞机旅行的实现和信息通讯技术的出现进一步加快了外交实践的步伐,改变了外交实践的形式。

在众多推动外交发展与变化的技术中,也包括推陈出新的传播技术。19世纪40年代,英国外交大臣帕默斯顿勋爵(Lord Palmerston)收到第一封电报时曾惊呼:"天哪,这是外交的末日。"[①] 帕默斯顿勋爵口中的外交指秘密外交,令他吃惊的是,电报的出现改变了以往由外交使团特别是大使承担外交沟通责任的外交实践形式。借助于新的传播技术,各国政府实现了直接沟通。20世纪,广播、电视等大众传播技术的发展进一步推进了外交公开化进程。通过大众传播渠道,那些在秘密外交时代被排除在外交决策和实施过程之外的公众可以获得关于外交事务的信息,获得来自远方的新闻和知识,公众意见随之形成,并开始扮演重要的角色。美国知名媒体人沃尔特·李普曼(Walter Lippmann)认为,大众传播技术的出现与广泛应用,是20世纪初威尔逊倡导外交"公开化"精神的现实基础,诚如他所言:"人类可以同时思考同一概念,至少统一了概念的名称。假如没有电缆、无线电、电报或日报,'十四点'计划也不可能实现。"[②] 大众传播技术,特别是跨国信息传播技术实现了信息和知识的远距离传输,公众借此获取信息并形成公众意见,

---

① 转引自 Jonson C. & Hall M., *Essence of Diplomacy*, New York: Palgrave Macmillan, 2005, p.91。
② 转引自 Gregory B., "Public Diplomacy: Sunrise of an Academic Field", In Cowan G. & Cull N. J. (eds.), *Public Diplomacy in a Changing World*, Oaks: Sage, 2008, p.277。

媒体外交：理论与实践

影响外交决策与实施。公众意见日益卷入外交实践中。

综上所述，外交是指国家之间通过专门的外交机构和职业外交人员，即大使馆和外交官，以谈判等和平方式签订协议或约定来处理彼此关系、参与国际事务的行为。公开外交是相对于秘密外交而言的，两者的根本区别在于政府开展外交实践时是否让公众了解相关政策或活动的内幕，是否让公众意见卷入对外政策的制定和实施过程。值得注意的是，外交终究是政府行为，涉及国家机密与安全，因此不可能公开所有的外交行为，政府间的秘密沟通依旧是外交的核心。[1]

第二节　公共外交的产生与发展

一、公共外交产生的背景

国际关系现实主义大师汉斯·摩根索（Hans J. Morgenthau）认为，外交在"一战"后就开始走向衰落。在"二战"开始前的十年，职业外交官在对外政策制定中的作用变小了，正如其所言"而外交作为处理外交事务的手段，其衰落的趋势也越来越明显了"[2]。"一战"后外交的衰落和日益公开化趋势为公共外交的出现埋下了伏笔。

1945年9月，第二次世界大战结束。这场战争过后，出现了一个千疮百孔的欧洲和两个超级大国——美国和苏联。此后，长达

---

[1] Jonson C. & Hall M., *Essence of Diplomacy*, New York: Palgrave Macmillan, 2005, p. 90.
[2] 〔美〕汉斯·摩根索：《国家间政治——权力斗争与和平》（第七版），徐昕、郝望、李保平译，王缉思校，北京大学出版社2006年版，第653页。

近半个世纪的冷战构成了公共外交产生的国际政治背景。

(一)力量均势导致美苏两国转向意识形态领域的竞争

"二战"后,美国的经济和军事实力大增,苏联的政治和军事力量也得以壮大,美苏两国形成对峙局面。在军事领域,美苏两国都拥有核武器,不断增强各自的军事能力,同时也在客观上有效防止了轻易动武,避免战争的出现。正如资中筠所言,"二战"后,美苏两国实际上以"《北大西洋公约组织》和《华沙条约集团》成对峙之势,究其实质,双方都还是防守多于进攻"①。可以说,"二战"后美苏两国的力量均势降低了再度爆发战争的可能性。尽管在冷战期间两国从未终止军备竞赛,但主要还是为了起到威慑作用,防止对方动武,两国之间的较量主要是在意识形态领域。

(二)"二战"后民主制度在全世界范围内的广泛建立

放眼世界,"二战"后,民主制度在世界范围内广泛建立,为公共外交的出现添加了注脚。始于"二战"期间的民族解放运动在"二战"后达到了高潮,亚洲、非洲和拉丁美洲的很多国家相继独立,并建立起民主制度。这些新建立的国家"一方面迫切需要发达国家的援助,一方面又有强烈的独立意识"②,因此它们在美苏之间保持着中立。随着这些国家的独立与解放,美苏两国也意识到,想要影响这些新成立的民主国家,必须首先获得这些国家公众的理

---

① 资中筠:《二十世纪后半叶世界舞台上的美国——〈美国战后外交史:从杜鲁门到里根〉绪论》,《美国研究》1993年第2期,第12页。
② 资中筠:《二十世纪后半叶世界舞台上的美国——〈美国战后外交史:从杜鲁门到里根〉绪论》,《美国研究》1993年第2期,第15页。

解与支持。在一个民主国家,如果没有公众的理解与支持,那么任何政策都无法成功施行。因此,美苏两国都积极采用各种方式试图影响这些国家公众的看法与态度,从而影响国际局势的走向。

(三)跨国信息传播技术的广泛应用和公众意见的卷入

"二战"后,大众传播技术得到了进一步发展,国际广播和卫星电视的广泛应用使信息的跨国传播日益频繁。此时,不仅政府间的直接沟通越来越便利,而且一国政府通过大众传播媒介向另一国公众直接传递信息、影响他们的态度与看法也成为可能。因此,公众意见更加重要,并经由大众传播媒介日益卷入国际政治领域。

二、公共外交的定义

(一)公共外交在美国的提出

"公共外交(public diplomacy)"一词最初由美国前外交官、塔夫茨大学弗莱彻法律和外交学院院长埃德蒙德·古利恩在1965年建立爱德华·默罗公共外交研究中心时提出。根据该研究中心一份早期宣传册的定义:"公共外交……研究公众态度对对外政策形成和执行的影响。它包括:超越传统外交的国际关系;政府在其他国家培植公众意见;国与国之间私人团体和利益团体之间的互动;报道对外事务及其对政策的影响;外交官和驻外记者等从事传播工作人员之间的沟通;以及跨文化传播。公共外交至关重要的是信息和思想的跨国流动。"①从这一定义可以看出:首先,公共外交不同于传统外交,并超越了传统外交的范畴,除了传统外交的行为主体,即国家政府外,公共外交还包括私人团体和利益团体等其他行为主体;其次,公共外交特别重视其他国家的公众意见,旨在通过信息和思想的传播影响外国公众的态度;最后,公共外交的最终目的是创造有利于自身发展的国际舆论环境,使得自身的对外政策能够成功实施,实现国家利益。

在这之后,美国很多资深外交官基于自己的外交或公共外交实践经验,进一步阐释了公共外交的含义。比如,1985年,美国新闻署前副署长吉弗德·D·马隆(Gifford D. Malone)将公共外交定义为"与外国公众直接沟通的一种方式,旨在影响他们的思想,并最终影响他们的政府"②。1987年,美国国务院出版的《国际关系用语词典》将公共外交解释为政府主导的旨在影响其他国家公众意见的项目,主要工具有出版物、电影、电台、电视和文化交流。③1990年,美国前外交官汉斯·N·塔克(Hans N. Tuch)在《与世界沟通:美国在海外的公共外交》一书中将公共外交定义为"一国政府与外国公众沟通的过程,旨在让外国公众理解本国的思想和理想、制度和文化,以及国家目标和当前政策"④。从以上几个定义可以看出:首先,这些定义来源于公共外交的实践者或执行机构,简

---

① Public Diplomacy Alumni Association, http://publicdiplomacy.org/pages/index.php?page=about-public-diplomacy, Retrieved on Dec. 28, 2013.
② 转引自 Gilboa E., "Media Diplomacy: Conceptual Divergence and Applications", *The Harvard International Journal of Press/Politics*, No. 3, 1998, p. 58。
③ 赵可金:《公共外交的理论与实践》,上海辞书出版社 2007 年版,第 15 页。
④ Tuch H. N., *Communicating with the World: U. S. Public Diplomacy Overseas*, New York: St. Martin's Press, 1990, p. 3.

洁表述的背后透露出业界人士惯用的操作性思维,这也印证了公共外交自从在美国出现就是一门操作性很强的学问;其次,这些定义都建立在"政府－他国公众－他国政府"这一基本传播模式之上,强调了行为主体是政府,传播对象是他国公众,传播目的是通过影响他国公众的意见来影响他国政府;最后,它们的最终目标都是服务于本国的对外政策,实现本国的国家利益。

综上所述,尽管公共外交的最初定义涵盖了传统外交行为主体以外的其他类型的行为主体,但从美国外交官员和美国公共外交执行机构后来对公共外交含义的阐释可以看出,美国政府一直是开展公共外交的主要行为主体。与传统外交主要经由职业外交机构和职业外交人员通过谈判等和平手段得以实现不同,公共外交注意到了"二战"后公众意见的崛起及其在国际政治领域的重要性,并希望通过信息和思想传播、国与国之间公众互动等方式影响他国的公众意见,进而影响他国政府,营造有利于自身的国际舆论环境。

(二)公共外交在中国的诠释

在中国学术语境下,公共外交是个舶来品。国内最早引介公共外交概念的一些学者直接援引了美国学界对公共外交的界定。比如,1988年,资中筠在讨论"二战"后美国外交新手段时最先提到了公共外交,她当时援引了美国新闻署官员艾伦·C·汉森(Allen C. Hansen)的定义,将公共外交等同于文化宣传,认为"其首要任务是'支持美国外交政策,换言之,就是政治宣传'"。1990年,周启朋、杨闯等编译的《国外外交学》专门引介了公共外交概念,并直接援引了美国塔夫茨大学弗莱彻法律和外交学院在教学中所使用的公共外交经典定义。

之后,国内的国际关系学者和新闻传播学者分别从各自学科的角度出发,对公共外交概念进行了阐释。有些国际关系学者立足国际关系视角,强调传统外交行为主体——政府在公共外交中的主导性,凸显更具主权意义的"外交权"。比如,唐小松和王义桅认为:"公共外交既不同于'宣传'或'公共事务',也与'传统外交'相区别,更不同于'民间外交'(或民际外交)。公共外交是以公众为受体的外交形式,即一国政府对他国民众的外交活动。"[①]赵可金则指出:"公共外交是一个国家的政府同另一个国家的公众所进行的直接交流和沟通的活动""要注意把公共外交和国际民间交流区分开来……是否由政府出面或是否受到政府的授权或者委托,是公共外交与国际民间交流的根本区别。"[②]韩方明将公共外交视为传统外交的补充与发展,认为它是国家政府在全球化时代"塑造国际合法性和认同度"[③]的重要途径。在公共外交中,政府发挥主导作用,公众居于主体地位,意见领袖是中坚力量,而媒体是关键。

有些新闻传播学者尝试从新闻传播角度解读公共外交,突出公共外交的国际传播维度。比如,赵启正认为:"公共外交指的是'政府外交'以外的各种对外交流方式,包括了官方与民间的各种双向交流。这些交流的目的是直接促进外国公众对本国的了解,

---

① 唐小松、王义桅:《美国公共外交研究的兴起及其对美国对外政策的反思》,《世界经济与政治》2003年第4期,第22—27页。
② 赵可金:《公共外交的理论与实践》,上海辞书出版社2007年版,第21页。
③ 韩方明主编:《公共外交概论》,北京大学出版社2011年版,第7页。

媒体外交：理论与实践

提升本国在其心目中的形象，进而促成外国政府对本国政策的改善。"① 周庆安认为："公共外交就是一种国家传播行为，主体往往是有着国家利益诉求或者国家背景的政府、非政府组织或者个人，而客体则是国际舆论或者目标国舆论。"② 刘海龙认为："公共外交是一种特殊的宣传……一般通过比较透明的事实传播（即白色宣传），来达成目标""它更强调宣传要在国家利益和受众个人自由之间维持平衡，通过双方能够接受的双向交流，达成宣传的目标……力图实现被影响者深层价值观的认同与自愿的追随。"③

由此可以看出，国内学者对公共外交概念的诠释基本还是沿用美国学界对公共外交的定义。国际关系学者更加突出政府的主导地位，强调公共外交是传统外交的补充与发展；新闻传播学者则更强调基于事实传播的双向互动。尽管国际关系学者和新闻传播学者在阐释和分析这一概念时各有侧重，但政府或有政府背景的组织与个人仍然被视为公共外交的主要行为主体，最终目标都是实现国家利益。

综上所述，公共外交相对于外交（即传统外交）而言，超越了传统外交所限定的国家通过专门的外交机构和职业外交人员以谈判等和平方式处理国家关系和参与国际事务的范畴。公共外交出现的最主要原因是"二战"后国际政治环境的变化和公众意见重要性的凸显。公共外交的主体依然是政府或有政府背景的组织与个人，客体是外国公众，主要手段有国际传播和文化教育交流，最终

---

① 赵启正：《公共外交与跨文化交流》，中国人民大学出版社 2011 年版，第 5 页。
② 周庆安：《从模式演变看冷战后公共外交的转型》，《欧洲研究》2011 年第 4 期，第 27 页。
③ 刘海龙：《宣传：观念、话语及其正当化》，中国大百科全书出版社 2013 年版，第 314—317 页。

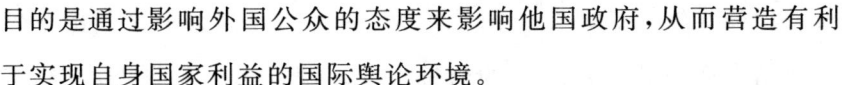

目的是通过影响外国公众的态度来影响他国政府,从而营造有利于实现自身国家利益的国际舆论环境。

第三节 新公共外交范式的特点和本质

2002年,美国对外关系委员会的公共外交独立工作组在针对"9·11"事件后美国公共外交政策的建议报告中率先提出了向"新公共外交范式(A new public diplomacy paradigm)"转型。什么是新公共外交范式,目前学界尚未形成统一意见。笔者通过辨析国内外较具代表性的新公共外交定义来归纳新公共外交范式的特点。

一、新公共外交的定义

(一)国外对新公共外交的定义

2002年,美国对外关系委员会的公共外交独立工作组基于"9·11"事件后国际政治环境的变化提出公共外交必须向"新公共外交范式"转型。尽管该工作组在报告中没有定义这一范式,但从报告列出的几个改革要点可以归纳出新公共外交的核心内容。报告提出了五大改革要点,即"制定一项条理清晰的战略协作框架;在传统的单向、自上而下式大众传播模式中增加定制的、双向对话成分;扩大私人领域的参与程度;提高公共外交资源的有效性;以

媒体外交：理论与实践

及增加公共外交资源"①。由此可见,新公共外交的最终目的仍然是协助实现美国对外政策的目标。它强调了私人领域的参与,特别关注新媒体技术对传统公共外交传播的影响,由单向、自上而下的大众传播模式向双向、根据不同目标受众需求定制的对话和讨论的大众传播模式的转变。

2005年,荷兰学者扬·梅里森在《新公共外交——国际关系中的软实力》一书中指出:"公共外交不仅仅是一种手段(technique)。它应该被视为国际政治的一个基本组成部分,公共外交的兴起意味着外交代表(diplomatic representation)发展到了一个新阶段。"②在他看来,"新公共外交不再仅限于以服务对外政策为目的的信息传递、宣传推广和政府直接接触国外公众。它还包括与其他国家的公民社会行为主体(civil society actors)建立联系,推动国内外非政府行为主体(non-governmental parties)间的关系网络建构。"③在这里,梅里森认为公共外交是对传统外交的突破,政府直接接触外国公众;新公共外交又是对传统公共外交(即公共外交)的突破,行为主体由政府扩大到了公民社会和其他非政府行为主体,而新公共外交的目的也不仅仅是服务于对外政策目标的实现,而是在多元互动中实现自身利益。

---

① Peterson P. G., "Public Diplomacy and the War on Terrorism", *Foreign Affairs*, September/October, 2002, http://www.foreignaffairs.com/articles/58247/peter-g-peterson/public-diplomacy-and-the-war-on-terrorism, Retrieved on Dec. 28, 2013.
② Melissen J., *The New Public Diplomacy: Soft Power in International Relations*, New York: Palgrave Macmillan, 2005, p. 6.
③ Melissen J., *The New Public Diplomacy: Soft Power in International Relations*, New York: Palgrave Macmillan, 2005, p. 22.

网络社会（network society）的提出者曼纽尔·卡斯特尔（Manuel Castells）从国际政治语境变化导致国际公共领域转型的角度对公共外交进行了定义，认为公共外交就是"公众的外交，也就是说，在国际舞台上呈现公众的价值观和观念"①。他认为，既然公众是公共外交的主体，那么公共外交概念所隐含的应该是杜威（John Dewey）所强调的公众共同的利益和价值观，公共外交所要做的是在不同社群和文化间通过对话（dialogue）分享意义、形成相互理解。换句话说，公共外交旨在传播（communicate）而非说服（convince），旨在倾听（listen）而非声明（declare）。公共外交所要建构的是一个涵盖多元行为主体的声音、价值观和利益的国际公共领域。② 尽管卡斯特尔没有直接使用"新公共外交"这个词，但他基于全球化语境所强调的不同社会行为主体间文化和观念的双向传播正是新公共外交的核心所在。

美国美利坚大学的朗达·扎哈娜也从国际政治语境和国际传播语境的变化分析了新公共外交的特点：首先，出现新的行为主体及其政治目标的实现，比如跨国企业（transnational corporations）、非政府组织（NGOs）、国际媒体（international media）以及重要人物和私人领域（prominent individuals and private sectors）；其次，传播技术发展带来的单向传播向双向互动传播、连接性和互动性（con-

---

① Castells M.,"The New Public Sphere: Global Civil Society, Communication Networks, and Global Governance", In Cowan G. & Cull N. J. (eds.), *Public Diplomacy in a Changing World*, Oaks: Sage, 2008, p. 91.
② Castells M.,"The New Public Sphere: Global Civil Society, Communication Networks, and Global Governance", In Cowan G. & Cull N. J. (eds.), *Public Diplomacy in a Changing World*, Oaks: Sage, 2008, p. 91.

nectivity and interactivity)的转变,突出了个人层面的信息和内容分享;最后,新的行为主体利用新的传播技术实现其目标。①

英国学者尼古拉斯·卡尔认为,新的国际传播语境,即全球化和全球性实时传播技术促成了传统公共外交向新公共外交的转型。他认为,新旧公共外交在最终目标上保持一致,两者都是为了经营和管理国际环境,但新公共外交的行为主体除了民族国家以外,还包括国际和地区组织、非政府组织、跨国企业等。更重要的是,新公共外交的"新"主要体现在重视公众间的接触上。② 传播技术的发展打破了国内与国外的传播界限,赋予了旧公共外交中较被动的公众更多主动权和选择权。因此,"公众不再仅仅是公共外交的对象,公众间的联系成了公共外交的重要组成部分,而政府逐渐发挥协调作用。"③ 可以看出,卡尔一方面强调了新公共外交中主体的多元化,另一方面突出了公众的作用,传统公共外交主体——政府逐渐发挥协调作用。

瑞典学者杰姆斯·帕蒙特认为,新公共外交标志着国际政治传播的重要范式转型。他指出:"全球化和新媒体环境已经对外交部的'守门人'地位形成了挑战,外交部不能再自称是传播对外政策的唯一或主导行为主体。信息流的边界更具渗透性,越来越多的行为主体参与到国际事务和国际政治之中。渐渐地,外交需要

---

① Zaharna R. S., *Battles to Bridges: US Strategic Communication and Public Diplomacy after 9/11*, New York: Palgrave Macmillan, 2010, pp. 83—91.
② Cull N. J., *Public Diplomacy: Lessons from the Past*, Los Angeles: Figueroa Press, 2009, pp. 12—13.
③ Cull N. J., "Introduction XI", *The Decline and Fall of the United States Information Agency: American Public Diplomacy, 1989—2001*, New York: Palgrave Macmillan, 2012.

对公共辩论和利益集团的游说进行解释,同时也受其影响。"① 也就是说,新公共外交的行为主体除了传统外交中的专门外交机构和职业外交人员,比如外交部,还包括非政府背景的行为主体。新媒体技术打破了信息传播的国界限制,并由此导致其他非政府行为主体地位的提高,这些行为主体因地位的提升,自己所关注的议题也逐渐进入并影响外交决策。帕蒙特由此认为:"新公共外交具有对话性(dialogical)、合作性(collaborative)和包容性(inclusive),与过去的'广播'(broadcasting)模式相反,新公共外交需要借助于社交媒体与公众建立起双向互动的关系。"②

由此可以看出,国外对新公共外交的解读主要强调了以下几个方面:第一,新的行为主体的参与程度;第二,公众的主动性与选择权,突出了公众的作用,新公共外交需要通过传播和倾听代表公众共同利益和价值观的声音来获取公众的认同;第三,充分利用社交媒体的连接性和互动性特点,在与公众的双向互动中建立联系,从而影响他们的态度;第四,新公共外交超越了传统公共外交仅服务于一国政府整体对外政策的目标,它需要立足于国际公共领域公众共同的利益与价值观,在多元互动中实现自身的利益。

(二)国内对新公共外交的定义

在国内学者中,蒋昌建认为新公共外交的"新"主要体现在两个方面:第一,突出了公共外交行为主体的多元化。也就是说,在

---

① Pamment J.,"Introduction", *New Public Diplomacy in the 21st Century: A Comparative Study of Policy and Practice*, New York: Routledge, 2013, p.3.
② Pamment J.,"Introduction", *New Public Diplomacy in the 21st Century: A Comparative Study of Policy and Practice*, New York: Routledge, 2013, p.3.

新公共外交中,除了政府这一传统公共外交行为主体外,还包括企业、社会团体和个人等新的行为主体,以及国际组织和国际机制的参与。第二,强调了文化因素,以"多边文化合作"①的方式来与国外公众建立联系,从而避免因文化差异而削弱国家的影响力。

钟新在辨析软实力和软实力资源概念的基础上提出:"软实力资源的广泛性需要全体国民从不同角度、不同程度参与,以提升国家软实力为目标的公共外交实践。"面对全球化和国际传播环境的变化,公众已经在不经意间加入到了国际信息生产的队伍中,并由此产生国际影响,因此,公众已不仅仅是传播的接受者,也是传播的实施者,在公共外交中扮演重要角色。基于这样的认识,她认为,新公共外交从本质上来讲就是一种"全民外交",而传统公共外交行为主体——政府应该逐渐成为"重大公共外交活动平台的设立者"和"全民外交的总体设计师、倡导者和培训者"。②

张庆园从国际关系的三大理论视角——现实主义、自由主义和建构主义出发,考察了公共外交概念的变化。他认为,现实主义视角下的公共外交以"竞争"和"冲突"为基调,是主权国家在竞争中追求权力和安全的一种方式,它基于冲突基调,通过"单向的信息灌输"来影响目标公众。自由主义视角下的公共外交以"合作"和"协商"为基调,"行为主体呈现多元的特征",通过"展示本国文化和价值观"来影响目标公众。但是,这里的信息、文化、价值观等因素更多地被看成是工具,其内涵没有得到应有的关注和开发。

---

① 蒋昌建:《波动中的软实力与新公共外交》,《现代传播》2011年第8期,第58—59页。
② 钟新:《新公共外交:软实力视野下的全民外交》,《现代传播》2011年第8期,第54—55页。

第一章 外交、公共外交与新公共外交范式

建构主义视角下的公共外交被称为"新公共外交",虽然从概念界定上与之前所提到的新公共外交概念有出入,但透过他的诠释可以看出,这两种新公共外交在本质上并无太大差异;而且他将新公共外交的讨论置于建构主义视角下,却道出了新公共外交的理论本质。在他看来,建构主义视角下的公共外交强调了国家身份(identity),因此,这种公共外交超越了"直接的国家间权力交涉和政策影响",信息、文化和价值观等因素的内涵被挖掘了出来,基于这些因素的观念互动促成了对国家身份的建构。他同时指出,建构主义视角下的公共外交关注到了非国家政府行为主体对共有观念和国家身份的建构作用,因此,在这种公共外交中,传统的国家政府行为主体面临竞争。[①]

由此可以看出,国内学者对新公共外交的诠释强调了以下几个方面:第一,行为主体的多元化,特别是公众地位开始上升,并且由单一的传播收受者地位向既是收受者又是传播者地位的转变,而政府更多地扮演平台提供者和协调者的角色;第二,重视文化因素在与外国公众建立联系方面的作用;第三,意识到新公共外交概念深层的理论背景是国际关系领域日益兴起的建构主义思潮。新公共外交需要在多元互动的前提下形成观念互动,达成共识,通过在国际舆论领域建构共有观念来实现国家身份的认同,从而实现国家利益。

---

① 张庆园:《建构主义视角下公共外交的新概念》,《国际关系学院学报》2012年第1期,第27—33页。

二、新公共外交范式的特点

综合以上国内外学者对新公共外交的诠释与辨析,同时结合相关的社会学理论和国际关系理论,笔者认为,新公共外交范式具有以下三个特点:

(一)行为主体多元化对传统行为主体——国家政府构成了挑战,国家政府仍将主导新公共外交多元主体间的互动与合作

国内外学者在阐释新公共外交概念时都强调了行为主体的多元化,要扩大私人领域的参与程度。有些学者甚至提到,在新公共外交时代,传统行为主体——国家政府将扮演协调者角色。这意味着,传统行为主体将面临来自于其他非国家政府行为主体的挑战,其重要性被削弱了。

关于民族国家在后现代世界,即自20世纪80年代开始的全球化中的地位和作用,学者一直持有两种观点,"国际主义者"(internationalists)认为"即使在全球化时代,民族国家依然很重要";"全球主义者"(globalists)认为"全球化的发展是不可避免的趋势,在这个过程中民族国家的重要性也不可避免地下降"。[①]"网络社会"的提出者曼纽尔·卡斯特尔则提出了较为中肯的观点,他认为民族国家在全球化过程中势必面临全方位的危机,"但民族国家并不会因此消亡,而是转换自身以适应新的社会情境"。在他看来,民

[①] 马杰伟、张潇潇:《媒体现代:传播学与社会学的对话》,复旦大学出版社2011年版,第59页。

族国家采取了三种机制来应对危机:与其他民族国家结成国家网络、建立国际性或跨国组织处理全球议题,以及将部分权力释放至区域性或地方政府,给予非政府组织更多参与空间。但是,值得注意的是,卡斯特尔认为:"国家及政治体系在网路(网络)权力中起着关键作用,在所有权力网路(网络)的运作中,国家都是预设已存的网路(网络)。"[①]这也就是说,尽管民族国家在后现代社会要面临来自其他行为主体的挑战,但它依然居于主导地位,发挥着关键作用。

全球化是讨论新公共外交相关问题的基本语境,鉴于民族国家在后现代社会的作用不容小视,因此,笔者认为传统行为主体——国家政府依然会在新公共外交中发挥举足轻重的作用。但是,与在传统公共外交中的绝对主导地位不同的是,在新公共外交时代,国家政府需要与其他行为主体建立互动与合作关系,在协调多元、多层次新公共外交体系的基础上发挥主导作用。

(二)建构主义思潮是新公共外交概念提出的理论背景,经由媒体传播而实现的国家品牌建构至关重要

在国际关系领域,现实主义、自由主义和建构主义(即理想主义)是三大理论视角。现实主义视角强调以自我利益为核心的国家为了权力和安全进行相互较量;自由主义崇尚民主,认为全球化的经济联系和国际组织的存在有助于实现和平;建构主义则突出

---

① 马杰伟、张潇潇:《媒体现代:传播学与社会学的对话》,复旦大学出版社2011年版,第272—273页。

观念、共同价值观、文化和社会认同对国际政治的塑造功能。① 与强调权力或贸易等物质因素的现实主义和自由主义不同,建构主义突出了观念(ideas)的影响力;而且与现实主义和自由主义将国家的存在视为理所当然不同,建构主义认为国家的利益与身份具有可塑性,主流话语对信念及国家利益具有很强的反应和塑造功能。②

冷战的结束为建构主义思潮的兴起奠定了现实基础,因为"现实主义与自由主义都未能预测到这一结果,而且无法解释这一结果"③。"9·11"事件的发生再次证明了建构主义的解释力,认为社会现实建立在观念辩论(debate about ideas)的基础上,强调意识形态、身份认同、信仰和跨国网络的作用的建构主义成了理解"9·11"事件后国际政治环境的重要理论视角。④

事实上,较早研究新公共外交的英国学者尼古拉斯·卡尔就曾提及国际关系领域建构主义视角对理解这一新概念的重要性。换句话说,他将建构主义思潮视为新公共外交产生的主要理论背景。2001年,荷兰国际关系研究所高级研究员、比利时学者彼得·范·哈姆(Peter van Ham)在美国《外交》(*Foreign Affairs*)杂志上发表《品牌国家的兴起——形象和声誉的后现代政治性》(*The Rise of Brand State: The Postmodern Politics of Image and Rep-*

---

① Snyder J.,"One World, Rival Theories", *Foreign Policy*, Nov/Dec, 2004, p. 59.
② Walt S. M.,"International Relations: One World, Many Theories", *Foreign Policy*, Spring, 1998, pp. 40—41.
③ Walt S. M.,"International Relations: One World, Many Theories", *Foreign Policy*, Spring, 1998, p. 41.
④ Snyder J.,"One World, Rival Theories", *Foreign Policy*, Nov/Dec, 2004, p. 60.

utation)一文,在进一步阐释英国学者西蒙·安霍特(Simon Anholt)1996年提出的国家品牌建构(nation branding)理念的基础上,试图将国家品牌建构纳入公共外交的研究范畴。范·哈姆认为,品牌建构(branding)本身就意味着"政治范式的转型,即由建立在地缘政治和权力基础上的现代世界向注重形象和影响力的后现代世界的转型。不能建立'一定品牌资产'的国家将无法在新世界体系的经济和政治竞争中获得成功"[1]。在他看来,国家品牌建构与建构主义紧密相连,因为二者都强调了形象和影响力在后现代世界的重要性,而这种形象和影响力根植于对观念、价值观和国家利益的社会建构(social construct)。在此基础上,以色列传播学者伊坦·吉阿博又加以补充,认为社会建构主要还是通过媒体(media)来实现的,对现实的社会建构离不开传播理论的支撑[2]。综合这两位学者的观点可以看出,经媒体传播而实现的国家品牌建构将在新公共外交中发挥重要作用。

(三)公众意见更为重要,新公共外交需要倾听公众的声音,呈现公众的共同利益与价值观

公众意见在外交的历次变革中都发挥了重要作用,国内外学者在辨析新公共外交概念时也都提到了公众地位的提升。有些学者认为,公众已由原来单一的收受者地位上升到了集传播者和收受者于一体的地位;还有些学者认为,公众获得了主动权和选择

---

[1] Ham P. V. ,"Branding Territory:Inside the Wonderful Worlds of PR and IR Theory", *Millennium:Journal of International Studies*,No. 31,2002,p. 252.
[2] Gilboa E. ,"Searching for a Theory of Public Diplomacy", In Cowan G. & Cull N. J. (eds.),*Public Diplomacy in a Changing World*,Oaks:Sage,2008,p. 68.

权。但是,鉴于国家政府这一传统行为主体仍将在新公共外交中发挥主导作用,笔者认为,个体意义上的公众作为行为主体在新公共外交中的作用仍然有限。在新公共外交时代,公众地位的提升在很大程度上体现在公众意见的重要性在新的国际政治环境中的凸显,因此,国家政府需要倾听公众的声音,通过对话甚或辩论的方式分享意义,在互动中形成理解与共识。值得注意的是,随着跨国实时信息传播技术的实现,国与国之间的传播边界已经被打破,国内公众与国外公众的界限也日趋模糊,新公共外交时代的公众已无内外之分,需要呈现的是全球公众的共同利益与价值观。

简而言之,新公共外交范式根植于国际关系领域日渐兴起的建构主义思潮;国家政府这一在传统公共外交中占绝对主导地位的行为主体,在新公共外交时代将面临来自其他非政府行为主体的挑战,但其仍将发挥主导作用。公众意见更为重要,新的传播技术为各行为主体倾听公众的声音并与之互动创造了条件。与此同时,随着传播国界的日益消失,国家政府需要在与其他行为主体的合作与互动中,呈现全球公众的共同利益和价值观来获取认同,从而营造有利于自身发展的国际舆论环境。

三、新公共外交范式的本质

根据《牛津英语词典》的解释,范式(paradigm)意为"范例或模型"①。在学术研究领域,范式的使用有其特定的语境。1962年,美国科学哲学家托马斯·库恩(Thomas S. Kuhn)在分析自然科学知

---

① http://www.oxforddictionaries.com/definition/english/paradigm?q=paradigm.

第一章 外交、公共外交与新公共外交范式

识发展进程时提出了范式转换(paradigm shift)理论。他认为,科学发展并非新知识的线性积累过程,而是伴随着诸多阶段性革命,即经历着常规科学(normal science)—反常(anomaly)—危机(crisis)—科学革命(scientific revolutions)—常规科学这样的循环。①在《科学革命的结构》一书中,库恩指出,他所指的范式(paradigms)"通常是指那些公认的科学成就,它们在一段时间里为实践共同体提供典型的问题和解答"②。科学革命是对危机的应对,是研究者抛弃原有的前提假设和研究范例,提出新的研究假设,从而给原有科学研究带来颠覆性变革。值得注意的是,在库恩的范式转换理论中,新旧范式之间是不可通约的(incompatible)。具体来讲,首先,"竞争着的范式的支持者对于候补范式所应解决问题的清单看法不同,他们的标准或科学的定义并不一样";其次,尽管新范式通常"收编了许多传统范式以前使用过的词语和仪器",但是,在新范式中,"老的词汇、概念和实验彼此之间有一种新的关系";最后,从根本上而言,"竞争着的范式的支持者在不同的世界中从事他们的事业",竞争着的范式之间不可能逐步实现转变。③这就是说,在库恩的范式转换理论中,科学革命带来的是世界观的改变。

基于对"范式"这个概念的讨论,回过头来看 2002 年美国对外关系委员会公共外交独立工作组提出的"新公共外交范式",相较

---

① 〔美〕托马斯·库恩:《科学革命的结构》(第四版),金吾伦、胡新和译,北京大学出版社 2012 年版。
② 〔美〕托马斯·库恩:《科学革命的结构·序》(第四版),金吾伦、胡新和译,北京大学出版社 2012 年版,第 4 页。
③ 〔美〕托马斯·库恩:《科学革命的结构》(第四版),金吾伦、胡新和译,北京大学出版社 2012 年版,第 124—126 页。

于1965年爱德华·默罗公共外交研究中心给"公共外交"下的最初定义是否具有库恩范式转换理论所强调的不可通约性,即从公共外交到新公共外交,是否真的是范式转型或革命。仔细分析,在1965年爱德华·默罗公共外交研究中心给"公共外交"下的定义中,民族国家以外的其他行为主体,比如私人团体和利益团体等的参与、公众意见的重要性都是题中应有之义,这被视为公共外交对传统外交的超越之处。因此,在行为主体多元化和公众意见重要性考量这两方面,新旧公共外交并不存在对"问题清单"看法不同的情况;事实上,两者使用的词汇、概念等也基本相同。最重要的是,诚如以上国内外学者对公共外交和新公共外交概念的阐释,两者的最终目的都是通过影响外国公众的态度来影响他国政府,从而营造有利于实现自身利益的国际舆论环境。换言之,两者所"从事的事业"是相同的。

基于以上思考,笔者认为,新公共外交并未指向一种新的范式,并不是对传统公共外交的颠覆性变革。新公共外交范式的提出,从本质上而言,是公共外交业界和学界在面对"9·11"事件后国际政治环境变化时,对传统公共外交实践的反思,也是在新的语境下,对公共外交最初定义的再发现。这其中,建构主义思潮构成了新的语境;建构主义所认为的国家利益与身份的可塑性、主流话语对信念及国家利益具有强有力的反映和塑造功能,以及形象和影响力在后现代世界的重要性,将更多的关注点指向了实现社会建构和观念建构的主要渠道——媒体传播。

第四节　作为公共外交重要组成部分的媒体外交

一、外交公开化和公共外交的出现是现代社会媒介化和媒介化类互动特征的体现

英国社会学家安东尼·吉登斯(Anthony Giddens)曾指出,传播技术的发展以及大众传播带来的知识的远距离传输是开启现代社会的重要条件之一。可惜他本人并未对大众传播与现代性(modernity)二者间的关系进行深入探讨。他的高足、英国社会学家约翰·汤普森(John B. Thompson)对此进行了阐释,汤普森将"媒介传播"列为现代性的四个维度之一①。在汤普森看来,"媒介重组了我们的时空,带来了媒介化的历史性(mediated historicity)、媒介化的世界性(mediated worldiness)和媒介化的社会性(mediated sociality);更重要的是大众传播媒介的发展使人类从'面对面互动'进入到'媒介化类互动'(mediated quasi-interaction)"。因此,"媒介化"(mediated)和"媒介化类互动"(mediated quasi-interaction)是现代社会的特征。②

作为现代社会产物的外交,"一战"后,其公开化的进程实则就是现代社会媒介化在外交领域的反映。"一战"后,欧洲大陆的公众

---

① 其他三个维度分别是资本主义、民族国家、军事力量。这四个维度分别对应经济、政治、强制和符号四大权力。转引自马杰伟、张潇潇:《媒体现代:传播学与社会学的对话》,复旦大学出版社2011年版,第62—63页。
② 马杰伟、张潇潇:《媒体现代:传播学与社会学的对话》,复旦大学出版社2011年版,第62—65页。

媒体外交：理论与实践

对秘密外交的厌恶和大众传播技术的出现与应用推动了外交的公开化。"二战"后，伴随着民主制度在世界范围内的广泛建立、跨国信息传播技术导致的公众意见日益卷入国际政治决策，各国政府愈加重视外国公众的意见，通过利用跨国信息传播技术向外国公众传递信息和思想，通过影响他们的态度来影响他们的政府，营造有利于实现自身利益的国际舆论环境。可以说，外交公开化和公共外交的出现折射出的正是现代社会媒介化和媒介化类互动的特征。

二、作为外交基本维度的传播在媒介化过程中经历了由"沟通"向"公共传播"的转变

在学理上，传播（communication）是外交的固有维度之一。瑞典学者克里斯特·琼森（Christer Jönsson）和马丁·霍尔（Martin Hall）曾在综述前人对外交定义的基础上，将传播（communication）、代表（representation）和国际社会再造（reproduction of international society）归纳为外交的三个重要维度，并将传播维度列在第一位。① 美国外交官蒙迪格尔·斯特恩斯（Monteagle Sterns）更是将传播视为外交的本质（essence of diplomacy）。②

在秘密外交时代，传播维度主要指向微观的语言（language）层面，当时的外交实践更多是依靠职业外交人员的沟通和谈判，因此"communication"更偏向于"沟通"的含义。19世纪40年代，英国外交大臣帕默斯顿勋爵因为亲眼见证新的传播技术——国际电报

---

① Jonson C. & Hall M., *Essence of Diplomacy*, New York: Palgrave Macmillan, 2005, p. 4.
② 转引自 Jonson C. & Hall M., *Essence of Diplomacy*, New York: Palgrave Macmillan, 2005, p. 67。

的应用,导致政府间的直接沟通成为可能,说出了一句"外交的末日"。1861年,英国皇家专门调查委员会(Royal Commission)在调查电报的应用对英国驻外使团有什么影响时,也曾怀疑电报的出现是否意味着不再需要大使一职。① 这些轶事体现了职业外交人员对传播技术介入外交实践带来的对自身地位影响的担忧,同时也从侧面印证了因为传播技术的介入,秘密外交时代由专门外交机构和职业外交人员主导的沟通方式面临变革。

"一战"后,公众意见的日益崛起和广播、电视等大众传播技术的介入,使外交呈现公开化趋势。此时的"communication"依然包含秘密外交时代的"沟通"含义,因为外交终究是政府行为,涉及国家机密与安全,政府间的秘密沟通仍旧是外交的核心;除此之外,它真正拥有了"传播"的含义,指政府经由大众传播媒介进行的公共传播行为。

三、国际传播是公共外交的重要手段

美国学者罗伯特·福特纳(Robert S. Fortner)曾将国际传播定义为"超越各国国界的传播,即在各民族、各国家之间进行的传播"。他所定义的国际传播是一种大众传播形式,不包括不同文化之间的人际交流。②福特纳在谈到国际传播的作用时曾指出,其"主要作用之一就是在公共外交领域,即通过公共传播的手段吸引民

---

① 转引自 Jonson C. & Hall M., *Essence of Diplomacy*, New York: Palgrave Macmillan, 2005, p. 91.
② 〔美〕罗伯特·福特纳:《国际传播:全球都市的历史、冲突及控制》,刘立群译,华夏出版社2000年版,第5—6页。

众,从而达到影响其他国家决策的目的"①。由此可见,国际传播是公共外交的重要手段。

尽管"公共外交"一词出现于20世纪60年代,但通过国际传播活动影响外国公众态度的公共外交行为早已有之。比如,早在20世纪20年代末,荷兰、英国、法国等欧洲殖民国家就开始利用广播技术向其海外殖民地进行广播。②最具象征意义的是,"一战"后期,倡导"公开化"精神的美国总统威尔逊正是通过"无线电广播"(实际上是国家监控的无线电电报站)将"十四点"演说传送到了欧洲,又通过新闻界将"十四点"原则传递给了欧洲各国的政府官员和公众。③

第二次世界大战见证了国际广播(international broadcasting)在瓦解敌军军心方面的巨大作用。截至1939年第二次世界大战爆发,"世界上已有25个国家开始进行国际广播"④。尽管"二战"中利用虚假和错误信息迷惑敌军、影响战局的宣传手法遭人诟病,但作为有效传递价值观、进行意识形态斗争武器的国际广播却受到了英、美、苏等国家的高度重视,并延用至整个冷战时期。从某种意义上讲,国际广播是服务于国家对外政策、进行意识形态斗争的重要工具。其中,最值得一提的就是冷战期间美国公共外交执行机构——美国新闻署所拥有的两套国际广播系统:美国之音(Voice

---

① 转引自〔英〕达雅·屠苏:《国际传播:延续与变革》,董关鹏主译,新华出版社2004年版,第6页。
② 程曼丽:《国际传播学学科体系建立的理论前提》,《北京大学学报》(哲学社会科学版)2006年第6期,第116—121页。
③ 转引自〔美〕罗伯特·福特纳:《国际传播:全球都市的历史、冲突及控制》,刘立群译,华夏出版社2000年版,第99页。
④ 韩召颖:《输出美国:美国新闻署与美国公众外交》,天津人民出版社2000年版,第159页。

of America)、自由欧洲电台(Radio Free Europe)和自由电台(Radio Liberty),以及专门针对古巴广播的马蒂电台(Radio Marti)和对亚洲广播的自由亚洲电台(Radio Free Asia)。①

2001年"9·11"事件发生后,美国政界在发出"他们为什么恨我们"的疑问的同时,重新加大对公共外交的投入。其中,重拾国际传播手段是一个重要方面。比如,自2002年3月起,美国政府相继资助建立针对中东地区公众的阿拉伯语的萨瓦电台(Radio Sawa)和自由电视台(Alhurra TV),试图通过提供关于美国社会的新闻和信息来改变中东地区受众对美国的刻板印象,赢取当地公众的"民心"②。

从以上的讨论可以看出,"二战"后,伴随着民主制度在全世界范围内的广泛建立,公共外交逐渐成为重要的外交形式。公共外交旨在营造有利于自身发展的国际环境;③为了实现这一目标,公共外交采用多种方式与途径,其中大众媒体是重要渠道之一,通过国际广播直接影响外国公众。④ 以色列学者伊坦·吉阿博指出:

---

① 韩召颖:《输出美国:美国新闻署与美国公众外交》,天津人民出版社2000年版,第160页。
② Norman J. P.,"Radio Sawa and Alhurra TV:Opening Channels of Mass Communication in the Middle East", In Rugh W. A. (eds.), *Engaging the Arab & Islamic Worlds through Public Diplomacy:A Report and Action Recommendations*, Washington DC: The Public Diplomacy Council,2004,pp. 69—89.
③ Cull N. J.,"Public Diplomacy before Gullion:The Evolution of A Phrase", In Snow N. & Philip M. P. (eds.), *Routledge Handbook of Public Diplomacy*, New York:Routledge, pp. 19—23;赵启正:《公共外交与跨文化交流》,中国人民大学出版社2011年版。
④ Cohen Y.,*Media Diplomacy:The Foreign Office in the Mass Communications Age*, London:Frank Cass,1986;Gilboa E.,"Media Diplomacy:Conceptual Divergence and Applications",*The Harvard International Journal of Press/Politics*,No. 3,1998,pp. 56—75;Entman R. M.,"Theorizing Mediated Public Diplomacy:The U. S. Case",*The International Journal of Press/Politics*,No. 3,2008,pp. 87—102.

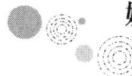
媒体外交：理论与实践

"传播技术的发展,大众参与政治趋势的增强,以及国际关系的根本性变革产生了大众媒体与外交互动的新类型。"[①]他同时指出,随着大众媒体卷入程度的增强,有必要厘清大众媒体与外交决策之间的关系。中国学者赵可金认为,公共外交中通过媒体运行的那一部分活动被称为媒体外交,它是公共外交的一部分。[②]对于公共外交与媒体外交二者之间的关系,美国南加州大学前任公共外交研究中心主任、新闻学教授菲利普·赛博认为,媒体外交是公共外交的重要组成部分,"但不是公共外交的全部"。公共外交的本质在于传播,"新闻的机制(mechanism)——传播非常适用于公共外交"。"在公共外交语境下,媒体外交是传播公共外交信息的一种方式。公共外交是政府与公众间的互动,而媒体是政府触及目标公众的媒介。"[③]因此,简单来说,媒体外交研究的是政府、大众媒体、公众和外交决策四者之间的关系。在接下来的第二章中将主要探讨媒体外交的定义、构成要素、研究框架与效应。

本章小结

本章通过文献研究,梳理了从秘密外交、公开外交、公共外交到新公共外交的发展历程,认为新公共外交并未指向一种新的范式,也不是对传统公共外交的颠覆性变革,而是公共外交业界和学

[①] Giboa E., "Media Diplomacy: Conceptual Divergence and Applications", *The Harvard International Journal of Press/Politics*, No. 3, 1998, p. 56.
[②] 赵可金:《公共外交的理论与实践》,上海辞书出版社2007年版,第227页。
[③] 陆佳怡:《公共外交与媒体外交——专访美国南加州大学公共外交研究中心主任菲利普·赛博》,《对外传播》2013年第2期,第44页。

界在面对"9·11"事件后国际政治环境的变化时,对传统公共外交实践的反思,是在新的语境下对公共外交最初定义的再发现。这其中,建构主义思潮构成了新的语境。建构主义认为的国家利益与身份的可塑性、主流话语对信念及国家利益具有强有力的反应和塑造功能,以及形象和影响力在后现代世界的重要性,将更多的关注点指向了实现社会建构和观念建构的主要渠道——媒体传播,进一步论证了作为公共外交组成部分的媒体外交的重要性。

第二章 媒体外交及其研究框架

近年来,学者们开始讨论媒体外交[①],但对于"媒体外交"概念,并没有统一的界定。鉴于概念及其界定在理论建构与学术研究中的重要地位,本章试图辨析媒体外交的概念,给媒体外交下一个可操作性定义。具体来说,首先辨析"媒体""媒介"和"传媒"三个概念;其次,梳理国内外学者对媒体外交概念的阐释,解读其构成元素,分析研究维度;最后,从传播学视角立体呈现媒体外交的层次与传播要素构成,尝试建立媒体外交的研究框架。

第一节 "媒体""媒介"和"传媒"

翻阅有关媒体外交研究的中文文献可以发现,仅这一概念,就存在"媒体外交""媒介外交""传媒外交"等多种说法。表面上看,这些说法都是对"media diplomacy"这个概念的不同翻译版本;究

---

① 由于对英文单词"media"翻译的不同,目前中文文献中有"传媒外交""媒体外交""媒介外交""广电外交"等用法,本文统一为"媒体外交"。

其本质,其反映了中文语境下对"media"这个概念的多种解读,即"媒体""媒介"和"传媒"。鉴于此,本节首先辨析这三个概念。

一、《中国百科大辞典》《新闻学大辞典》和《新闻传播学大辞典》对三个概念的解读

在1990年版的《中国百科大辞典》中,"媒介"指"包括纸、光、声波、电波等进行传播的一切符号载体。大众传播出现以后,媒介主要指报纸、杂志、书籍、广播、电影、电视等大众传播工具。"[①]《中国百科大辞典》并未收入"媒体"和"传媒"两个条目,"传媒"一词出现在"大众传播媒介"条目中,其定义为"简称'大众传媒',指在传播活动中介于职业传播者与大众之间的媒介物。由复制、传播信息符号的机械和报社、杂志社、出版社、电台、电视台等传播组织、团体构成。以形态加以区别,可分为印刷媒介(报纸、杂志、书籍等)和电子媒介(广播、电影、电视等)。"[②]

1993年版的《新闻学大辞典》收录了"媒介"这一条目,指"用来表达含义的静态或动态的任何物体或物体排列。例如,烟火信号、击鼓、里程碑、树皮上的刻痕、跳舞、陶器上的花纹、军号、纸上的墨迹等。"[③]它还收录了"传播媒介"条目,等同于"传媒",是指"传播学基本概念之一。传播意义上的媒介,是指承载、传递信息的物理形式。所谓传播媒介的物理形式包括物质实体和物理能。物质实体指文字、印刷品、通讯器材等;物理能指电波、光波、声波等。传播

[①②] 《中国百科大辞典》编委会:《中国百科大辞典》,华夏出版社1990年版,第411页。
[③] 甘惜分主编:《新闻学大辞典》,河南人民出版社1993年版,第59页。

媒体外交：理论与实践

媒介的发展经历了原始媒介、语言媒介、印刷媒介、电子媒介几个大的历史阶段。"①但是该辞典并未收入"媒体"这一条目。

在2014年版的《新闻传播学大辞典》中，"媒体"是指"传播媒介机构，包括报社、杂志社、出版社、电视台、广播电台、电影制片厂、互联网站等。"②"媒介"是指"使双方发生关系的人或物""传播学中的媒介往往被称为传媒或媒体，指传播信息的载体，是携带和传递信息的一切形式。"③但该辞典没有收入"传媒"这一条目，而是将其等同于"媒介"概念。

二、"媒体""媒介"和"传媒"概念辨析

2010年，有学者专门使用量化方法对"媒体""媒介"和"传媒"这三个概念在新闻传播领域中的使用情况进行了分析。④研究者选取了国内4本具有代表性的期刊《新闻大学》《新闻与传播研究》《新闻记者》和《现代传播》，对这4本期刊在2008年全年发表的涉及"媒体""媒介"和"传媒"三个概念的650多篇文献进行计量分析，发现：在学术型期刊中，比如《新闻大学》和《新闻与传播研究》，从使用率来看，"媒介"＞"媒体"＞"传媒"；在实务型期刊中，比如《新闻记者》和《现代传播》，使用率依次为"媒体"＞"传媒"＞"媒介"。鉴于此，研究者认为，"媒介"概念应回归其本意，取向"介质"层面含

---

① 甘惜分主编：《新闻学大辞典》，河南人民出版社1993年版，第59—60页。
② 童兵、陈绚(编)：《新闻传播学大辞典》，中国大百科全书出版社2014年版，第55页。
③ 童兵、陈绚(编)：《新闻传播学大辞典》，中国大百科全书出版社2014年版，第150页。
④ 张忠民、阳欣哲、张国良：《新闻传播学领域对"媒介""媒体""传媒"三词使用现状分析——以文献计量方法对四种专业核心期刊的研究》，《新闻记者》2010年第12期，第48—52页。

义;"媒体"概念应承担更多内涵,除了"介质"含义外,还包括"机构"的意思;"传媒"概念应包含的最广泛,即代表整个传媒行业。

对于这三个概念,学者杨保军曾在《新闻活动论》一书中专辟章节进行论述。杨保军立足系统思维,从新闻活动"传播—收受"的全过程来解读"media"这个概念。在他看来,"媒介侧重于承载信息的实体,而媒体主要是指生产信息产品的组织或机构。在一般意义上可以说,媒体拥有媒介。"[①]他认为,承载信息的实体——新闻传播媒介由两个要素构成:"一是一定的物质实体,二是以一定方式附着在实体上的信息符号。"[②]简而言之,"media"由媒介(技术)形态——"硬媒介"和媒介符号——"软媒介"两个部分构成。

基于以上对"媒体""媒介"和"传媒"三个概念的辨析,本书认为,"传媒"概念直指整个传媒行业,外延过于宽泛,不利于问题的聚焦;"媒介"概念更倾向于媒体的介质属性,内涵相对狭窄。本书采用"媒体"概念,它由两个维度构成,即"新闻媒介"和"新闻媒介组织机构"。其中,"新闻媒介"不仅是指不同的大众传播技术形态,包括报纸、广播、电视和互联网,还指基于这些技术形态之上的新闻符号系统。

第二节 媒体外交的两个维度

紧接着上节对"媒体""媒介"和"传媒"三个概念的辨析,本节

---

① 杨保军:《新闻活动论》,中国人民大学出版社 2006 年版,第 257 页。
② 杨保军:《新闻活动论》,中国人民大学出版社 2006 年版,第 258 页。

媒体外交：理论与实践

在梳理国外和国内学者对媒体外交概念解读的基础上，厘清媒体外交概念的两个维度。

一、国外学者对媒体外交概念的解读

综观国外的媒体外交研究，其核心议题是政府、媒体（尤指媒体的新闻报道）、公众和外交决策四者之间的关系，重点讨论的是媒体在外交决策过程中的作用和地位。① 佩洛西·卡尔（Patricia A. Karl）较早使用了媒体外交这个概念，但并未能给出一个明确的定义；他是对一种现象，即"媒体日益介入政府与公众间有关国际政治的传播进程"②的思考。他认为，媒体介入外交对"外交政策制定和执行，以及公众了解国际事务"具有重要意义。他特别注意到，媒体技术的发展，特别是卫星传输的实现，增加了新的传播渠道，但同时也使政府面临着因媒体介入而对外交关系造成的负面影响，甚至外交危机，最具代表性的就是伊朗人质危机事件。

乔尔·科恩（Yoel Cohen）试图在辨析大众传播时代媒体与外交二者关系的基础上，厘清媒体外交概念。③ 科恩认为，媒体与外交之间的关系大致可分为三类：第一，媒体作为信息来源，为外交决策者和公众提供信息；第二，媒体成为两国外交决策者之间的沟通渠道；第三，媒体是外交机构向国内和国外公众解释政策、获取支持的渠道。科恩从媒体内容和媒介渠道两个层面、外交决策者

---

① Cohen B. C., *The Press and Foreign Policy*, Princeton: Princeton University Press, 1963.
② Karl P. A., "Media Diplomacy", *Proceedings of the Academy of Political Science*, 34(4), *The Communications Revolution in Politics*, 1982, pp. 143−152.
③ Cohen Y., *Media Diplomacy: The Foreign Office in the Mass Communications Age*, London: Frank Cass, 1986, pp. 14−15.

和公众两个方面解释了媒体与外交之间的关系,将媒体介入外交这一过程细化。可以说,科恩的媒体外交概念实际指向"作为媒介渠道"的媒体介入,并影响外交进程。

1998年,以色列学者伊坦·吉阿博在《媒体外交:概念分歧与应用》(*Media Diplomacy: Conceptual Divergence and Applications*)一文的开篇直言:作为理论概念的媒体外交,其使用"过于混乱,且存在误导性(highly confusing and misleading)"。紧接着,他根据外交传播三因素,即政府、媒体和公众意见,重新划分并界定了公共外交、媒体外交和媒体中间人外交(media-broker diplomacy)[①]三个概念。他认为,媒体外交是指"决策者在特定情况下利用大众媒体发出信号,向国家政府和非国家政府行为主体施加压力,建立信任关系、推动谈判,动员公众支持协议的签订"。在这个定义中,吉阿博强调了在"冲突"语境下,媒体推动谈判、促成冲突解决的短期作用。2002年,吉阿博又在另一篇论文中列举了媒体外交的具体表现形式:"各种常规和特殊的媒体活动,包括新闻发布会、采访、透露消息(leak)、国家元首和调停者到访敌对国,以及组织场面宏大的媒体事件(media events)。"吉阿博尝试从传播学角度切入外交进程,对媒体外交概念语境的理解由最初的非常态(冲突)语境扩展到常态语境,不断修正并完善媒体外交概念。

---

① 吉阿博的"媒体中间人外交"概念主要是指在某些国际调停与国际争端解决过程中,职业记者扮演调停人角色,推动争端的解决。吉阿博认为,"媒体外交"和"媒体中间人外交"两个概念的区别就在于对记者身份的认定,前者强调记者在政府决策动议下进行职业新闻工作,后者在某种程度上强调了记者扮演了外交官角色。"媒体中间人外交"的最佳范例是美国知名主持人、记者沃尔特·克朗凯特(Walter Cronkite)在上世纪七八十年代以色列—埃及和平进程中充当的角色。但是,吉阿博本人也认为,"媒体中间人外交"非常罕见,这其中存在对记者职业身份、职业新闻报道准则的考量。

媒体外交：理论与实践

2008年，美国乔治·华盛顿大学媒体、公共事务与国际关系教授罗伯特·恩特曼（Robert M. Entman）在公共外交、媒体外交概念之外，又提出了"媒介化公共外交（mediated public diplomacy）"概念。他认为："媒介化公共外交区别于公共外交与媒体外交，它指利用大众传播媒体（包括互联网）来获取外国受众对本国某个外交政策的支持，周期更短、更具针对性。"恩特曼从媒体的国际传播角度切入外交决策过程，认为一国政府及其代表具有议程设置能力，即影响外国媒体呈现本国外交政策等议题。他使用"媒介化（mediated）"一词，更加凸显了"作为媒介渠道"的媒体介入及其影响外交进程这层含义，同时又将媒体对外交的影响进一步细化到媒体新闻报道对外交决策的影响。

由此可以看出，政府、媒体、公众与外交决策是国外媒体外交研究的四大要素，基于这四大要素之间的关系与互动，形成了国外学者对媒体外交概念解读的三个维度，即媒体作为信息来源（尤指新闻媒体），为公众和外交决策提供信息；媒体作为联络渠道，在政府、公众与外交决策者之间架起沟通的桥梁；媒体作为媒介渠道，解释外交政策，影响公众意见。

二、国内学者对媒体外交概念的解读

国内学者对媒体外交的解读在很大程度上还局限于"作为媒介渠道"的媒体介入及其影响外交进程这一层面。孙建平和谢奇峰认为："传媒外交就是传媒通过参与外交决策、报道外交活动等手段，对外交施加影响以达到某种效果。"他们突出了媒体对于外交事务的报道功能，以及由此对外交进程的影响。媒体"有可能促进外交进程",带来"意想不到的外交突破",也有可能产生不利影响,"扼杀某种外交成果"。①

赵可金将媒体外交定义为"由政府幕后操纵、运用大众传媒的力量,在特定的领域向其他国家的民众释放信息、影响舆论、塑造行为,希望在其他国家的民众中间建立信任、获得支持以及增强联系,进而间接影响他国政府行为的活动"。在这个定义中,媒体主要充当中介的信息渠道,本国政府与外国公众是传收信息的两极。②类似地,赵鸿燕和林媛在综述国外学者对媒体外交定义的基础上,认为"媒体外交是媒体进行或参与的外交,也可专指在政府控制下媒体参与并完成的外交"。她们认为,媒体外交由两个层次的传播构成:第一层次是一国政府与国内外媒体之间的信息传收关系;第二层次是一国媒体对外信息传播。③ 在这几位学者看来,媒体外交主要是一国政府通过大众媒体,对外国公众自上而下、单向式的信息传播过程。

此外,也有学者逐渐突破"作为媒介渠道"的媒体解读,尝试从其他视角来理解媒体外交。赵楠和宋燕认为:"媒体外交实际就是多元主体运用各种媒介手段,有意或无意地隐性实现外交目的,影响外交行动及决策等的外交方式的一种。"她们从传播手段演进的角度切入,从传播内容的话语层面——"如何说",探讨媒体外交策

---

① 孙建平、谢奇峰:《"传媒外交"初探》,《现代传播》2002年第3期,第70—72页。
② 赵可金:《媒体外交及其运作机制》,《世界经济与政治》2004年第4期,第21—26页。
③ 赵鸿燕、林媛:《媒体外交在美国的表现和作用》,《现代传播》2008年第2期,第148—149页。

略。① 任琳基于狭义的国家声誉,认为媒体外交的目标是塑造"在国际新闻流动中所形成的形象"或者"在他国新闻媒体界的新闻言论报道中所呈现的形象",强调媒体外交与国家形象塑造之间的关系。与此同时,她指出,在新的传播语境下,媒体已经"由国际关系的观察者、记录者变成参与者和协助者"②。也就是说,媒体逐渐以行为主体身份参与外交进程,成为国际关系的重要组成部分。

综观国内学者对媒体外交概念的解读,"作为媒介渠道"的媒体报道外交事务、在国际信息流中塑造和呈现国家形象。换言之,有些国内学者强调了作为媒介渠道的媒体解读外交政策、影响公众意见和塑造国家形象的作用;而有些学者已经意识到作为行为主体的媒体参与或协助外交进程的作用。

三、媒体外交概念的两个维度

从以上的概念解读可以看出,很多学者都将"作为媒介渠道的媒体介入并影响外交进程"视为媒体外交概念的一个维度,"媒介化"是其核心含义。对于"媒介化",社会学家早已有过专门论述。诚如约翰·汤普森所论,"媒介化"和"媒介化类互动"是现代社会的特征,因此,作为现代社会产物的外交,自出现之日起就蕴含了"媒介化"含义。"一战"后,外交的公开化进程,以及公共外交的出现,很大程度上都可被视为现代社会媒介化在外交领域的反映;媒体外交更是媒介传播介入并影响外交进程和现代社会发展

---

① 赵楠、宋燕:《媒体外交与国家形象构建——传播手段视角下的新媒体外交》,《兰州大学学报》(社会科学版)2012年第6期,第26—33页。
② 任琳:《公共外交、媒体与战争》,《学理论》2011年第16期,第42—43页。

的重要体现。值得注意的是,正是伴随着传播技术的发展、媒体卷入外交决策程度的增强,媒体逐渐成为外交进程的参与主体和影响国际关系的行为主体,这也就构成了媒体外交概念的另一个维度。

第三节 媒体外交的传播学解读

1983年,学者约提卡·拉玛普拉萨(Jyotika Ramaprasad)曾直呼要给媒体外交下一个定义,但最终未能实现。原因在于,她认为媒体外交是"一种没有清晰边界或特征的模糊现象,并不适用于特定的定义"。此后数年,即便是媒体外交研究的代表性学者伊坦·吉阿博也未能给媒体外交下一个完整的、获得学者一致认可的定义。

艾尔·巴比(Earl Babble)曾指出,在学术研究中,某些术语概念经常是模糊的,甚至是有争议的,但是从研究角度出发,研究者可以给出一个操作性定义,"规定如何测量一个概念"[①]。鉴于此,笔者试图基于媒体外交的传播机制,立足传播学视角来设置测量媒体外交概念的变量,由此划分媒体外交的层次与传播要素构成;在解读媒体外交概念的同时,呈现媒体外交的研究框架。简而言之,以哈罗德·拉斯韦尔的传播五要素,即传播主体、传播内容、传播渠道(媒介)、收受主体和传播效果为横轴,以美国学者杰弗里·考恩和阿米莉亚·阿瑟诺划分的公共外交的三个层次,即

---

① 〔美〕艾尔·巴比:《社会研究方法》(第十一版),邱泽奇译,华夏出版社2009年版,第128页。

独白、对话和合作为纵轴①,立体呈现媒体外交的层次与传播要素构成框架(见表2-1)。

表2-1 媒体外交的层次与传播要素构成框架

	传播主体	传播内容	传播渠道(媒介)	收受主体	传播效果
独白式媒体外交	国家、政府及其代表,具有影响力的个人、媒体机构	政府公告或文件、官方讲话或信息发布、媒体社论等	本国或外国媒体	国际公众	权威、清晰的信息发布,倡导国家政策,寻求身份认同
对话式媒体外交	国家、政府及其代表,媒体机构,其他行为主体	关于争议性话题的新闻报道等	本国或外国媒体,特别是基于互联网技术的新兴媒体	国际公众	实时发布信息,基于对话与互动,推动争议性问题的解决
合作式媒体外交	媒体机构,国家政府及其代表,其他行为主体	报道多元主体间的合作;联合采访报道、在国外主流媒体刊登报道或评论、共同组织国际性活动	外国媒体、公关公司等	国际公众	呈现多元主体间的合作;设置媒体议程,影响国际公众,从而影响外交决策;塑造本国国家形象、彰显国家品牌

为了能够清晰地呈现出媒体外交的三个层次和传播要素构成,笔者接下来首先阐释公共外交三个层次的基本含义,然后解读由此引申出的媒体外交的三个层次与传播要素构成。

考恩和阿瑟诺在《从独白到对话,再到合作:公共外交的三个层次》(Moving from Monologue to Dialogue to Collaboration: The Three Layers of Public Diplomacy)一文中将公共外交划分为三个层次,即独白、对话和合作,这也可被视为公共外交的三种传播

---

① Cowan G. & Arsenault A., "Moving from Monologue to Dialogue to Collaboration: The Three Layers of Public Diplomacy", In Cowan G. & Cull N. J. (eds.), Public Diplomacy in a Changing World, Oaks: Sage, 2008, pp. 10-30.

第二章　媒体外交及其研究框架

模式。作者认为,对公共外交三种传播模式的探讨应置于特定的时间与特定的情境之中。① 独白模式通常表现为政府公告、官方讲话或信息发布、媒体社论等,"当一国希望世界人民了解本国立场时,发布政府公告或文件是最权威的方式"②。对话模式是指多种多样的意见与信息交流,比如,政府首脑或社会精英在正式峰会上"交换看法和信息"、公众参与"跨文化的体育、电影和艺术项目",以及通过媒体平台,特别是社交媒体平台进行交流。对话模式的特点是相互(reciprocal)且多向度的(multidirectional)③。合作模式主要是指来自不同国家的参与者共同参与到一个长期或短期的项目中,通常是跨国合作(cross-national collaboration),具体表现为"解决共同面临的问题或冲突,推进共同愿景,或共同参与并完成一项具体的合作项目"④。

在考恩和阿瑟诺看来,公共外交的三个层次不是相互割裂的。独白模式强调通过单向传播方式,向外国公众传递本国的外交政

---

① Cowan G. & Arsenault A. ,"Moving from Monologue to Dialogue to Collaboration: The Three Layers of Public Diplomacy", In Cowan G. & Cull N. J. (eds.), *Public Diplomacy in a Changing World* ,Oaks: Sage,2008, p. 11.

② Cowan G. & Arsenault A. ,"Moving from Monologue to Dialogue to Collaboration: The Three Layers of Public Diplomacy", In Cowan G. & Cull N. J. (eds.), *Public Diplomacy in a Changing World* ,Oaks: Sage,2008, p. 13.

③ Cowan G. & Arsenault A. ,"Moving from Monologue to Dialogue to Collaboration: The Three Layers of Public Diplomacy", In Cowan G. & Cull N. J. (eds.), *Public Diplomacy in a Changing World* ,Oaks: Sage,2008, p. 18.

④ Gray B. ,"Negotiations: Arenas for Reconstructing Meaning", Working Paper, Center for Research in Conflict and Negotiation, Pennsylvania State University, University Park, 1989; Logdon J. ,"Interests and Interdependence in the Formation of Social Problem—Solving Collaborations", *Journal of Applied Behavioral Science* , No. 27,1991, pp. 23—37; Cowan G. & Arsenault A. ,"Moving from Monologue to Dialogue to Collaboration: The Three layers of Public Diplomacy", In Cowan G. & Cull N. J. (eds.), *Public Diplomacy in a Changing World* ,Oaks: Sage,2008, p. 21.

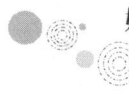

策。这一模式突出了告知功能和权威发布功能,但在改变外国公众的刻板印象方面作用有限。对话模式强调了双向的思想和信息交流,从形式上为对话双方提供了发表不同看法的机会,通过对话与互动来消除外国公众的刻板印象,改善国与国之间的关系。合作模式强调了多种行为主体之间的跨国合作,在共同关心的议题之下展开合作,建立互信,在国际舆论中塑造良好形象。笔者认为,在实践中,公共外交的三个层次各有所长、互为补充,应在选取恰当时机和方式的前提下,实现传播效果最大化。

事实上,从独白到对话,再到合作,这三者从本质上来讲是层层递进的关系,体现了公共外交在全球化语境下行为主体多元化、传播形式多样化和追求互信与共同价值观的趋势或特点。借助这一思路,接下来笔者将分析媒体外交的三个层次与传播要素构成框架。

第四节　媒体外交的三个层次

一、独白式媒体外交及其范例

独白式媒体外交主要是指国家、政府及其代表通过本国或外国媒体,向外国公众发布宣言、声明等官方信息,从而影响外国公众及其政府决策。与此同时,在全球传播语境下,独白式媒体外交还包括权威媒体发布社论、具有影响力的个人通过国际性媒体发表文章或观点来影响外国公众对本国的看法,从而影响其政府的政策。从本质上来说,在独白式媒体外交中,媒体主要发挥"传播渠道"的作用,传递清晰、权威的信息,主要是向目标受众阐明访问目的、诠释双边或多边关系,以及就某些国际性议题发表看法,旨在倡导国家政策,寻求身份认同。

在现实中,独白式媒体外交通常表现为国家元首和政府首脑在出访或出席重要国际场合时通过所在国媒体或国际媒体,以声明、宣言、署名文章等形式向国际公众发布权威信息。他们在重要国际场合所发表的讲话经由大众媒体报道,对于国际公众而言,本质上也起到了权威发布的效果,因此,这也是独白式媒体外交的重要组成内容。

从具体个案来看,自 2013 年起,国家主席习近平接连在出访期间发表演讲,通过当地媒体发表署名文章或接受当地媒体的采访,阐明中方立场,诠释国家大政方针。比如,2013 年 3 月,习近平主席在对欧非四国的首访中,分别在俄罗斯、坦桑尼亚和南非德班"金砖峰会"上发表演讲,阐明党的十八大后新一届领导集体的执政理念和以"中国梦"为核心的价值观体系。2014 年 3 月,习近平主席在访欧期间,先后在荷兰、法国、德国、比利时的媒体上发表署名文章,阐述中欧关系。[①] 2014 年 7 月,习近平主席在巴西出席"金砖国家领导人峰会"期间,接受了巴西《经济价值报》、阿根廷《国民报》、委内瑞拉国家通讯社和古巴拉丁美洲通讯社的联合采访,阐述中国与拉美、加勒比国家的关系。[②]

---

① 参见 http://news.xinhuanet.com/world/2014-04/01/c_126342888.htm。
② 参见 http://news.xinhuanet.com/video/2014-07/14/c_126752042.htm。

二、对话式媒体外交及其范例

对话式媒体外交是指国家政府及其代表、媒体机构等通过本国或外国媒体,尤其是基于互联网技术的新兴媒体,就争议性话题展开对话、讨论,甚至辩论,通过观点争鸣,实现与外国公众的对话,乃至互动。在对话式媒体外交中,媒体依旧扮演着"传播渠道"的角色,但相较于独白式媒体外交中"单向""自上而下"式传播的媒体,对话式媒体外交中的媒体,尤以社交媒体为代表,从形式上,在传播者与收受者之间搭起了传收信息、对话与互动的桥梁。可以说,对话式媒体外交本质上就是汤普森所说的"媒介化类互动",在观点交锋中影响目标受众和国际舆论,从而推动争议性问题的解决。对话式媒体外交的行为主体通常由国家、政府及其代表,媒体机构和具有国际影响力的个人或其他行为主体构成;其目标受众是与争议性问题有关的国家的公众。对话式媒体外交寻求的不是权威性,而是思想对话与观点互动。在新兴媒体语境下,基于社交媒体平台的对话式媒体外交最能体现这一点。

从具体个案来看,比如,《中国日报》和日本非营利机构"言论NPO"自2005年起举办以中日关系为主题的"北京—东京论坛",两国政界、商界、学术界和新闻界等高层人士就中日关系出现的新问题、新动向进行坦诚对话。又如,中国国际广播电台借助可以提供几十种语言服务的官网"国际在线(CRI Online)",围绕热点议题,用目标受众熟悉的母语与海外网友进行在线的实时互动。2007年,中国国际广播电台推出由中日两国专家、学者和媒体人士参与的"春夏秋冬"中日网络四季对话。两国嘉宾分别在北京和东京通过互联网与网民进行讨论、互动,旨在通过中日两国民众间的对话与交流推动沟通,促进相互理解。①

另外,值得一提的是,在某些情况下,独白式媒体外交构成了对话式媒体外交的前提和基础。比如,2013年9月初,美国与俄罗斯就中东国家叙利亚是否发生化学武器袭击事件在国际舆论空间展开了对话、讨论和辩论。2013年9月10日,美国总统奥巴马在全国电视讲话中"独白式"地阐述了美国在叙利亚"化武事件"中的观点与立场;9月11日,俄罗斯总统普京在美国主流大报《纽约时报》的网站上发表了署名评论《告美国人民书》(*A Plea for Caution from Russia*),以与美国公众直接对话的方式对前一日奥巴马总统的电视讲话予以回应。在这个案例中,美国和俄罗斯两国总统分别通过本国或他国媒体展开了独白式媒体外交,以权威发布的形式表明本国立场,倡导国家政策;与此同时,两位国家元首的独白式媒体外交又依托于媒体平台,构成了对话式媒体外交。

三、合作式媒体外交及其范例

合作式媒体外交主要是指媒体机构、国家政府及其代表与外国媒体、其他国际机构展开合作,进行联合采访报道、在国外主流媒体刊登报道或评论、共同组织国际性活动等。在合作式媒体外交中,媒体依旧发挥着"传播渠道"的作用,报道和呈现多元主体间的合作;更重要的是,媒体机构作为独立的行为主体与外国媒体、其他国际机构进行新闻业务合作,或就国际公众共同关心的议题举办国际性活动,

---

① 孙建和:《中日网络对话成功的启示》,《对外大传播》2007年第6期,第41—43页。

通过设置媒体议程,影响国际公众,从而影响外交决策。

从实际个案来看,首先,媒体作为"传播渠道",报道国家政府、媒体机构和其他行为主体之间的合作,是合作式媒体外交的第一种表现形式。其次,在新闻业务方面,媒体适时配合外交与热点议题,以出版专刊、插页,组织联合采访报道等方式,为国际公众设置媒体议程,是合作式媒体外交的第二种表现形式。比如,中国主流英文大报《中国日报》自2009年以来先后与美国主流大报合作,以提供内容、推出专刊的形式,利用美国主流大报既有的传输渠道和影响力,扩大传播范围,影响特定人群。又如,中国国际广播电台在2011年四川汶川地震三周年之际,邀请外国媒体来华进行名为"汶川地震三周年中外记者重返灾区"的联合采访报道活动,为国际媒体搭建了重返灾区采访的平台,为国际公众提供了多元化的新闻报道。与此同时,向国际社会塑造了媒体环境日益开放的中国形象。

此外,一国媒体与国际媒体同行共同举办国际性活动,或就国际公众共同关心的议题与其他国际机构展开合作,是合作式媒体外交的第三种表现形式。在这类合作式媒体外交中,作为行为主体的媒体机构力求在国际舆论场塑造本国国家形象、彰显国家品牌。比如,2009年10月,新华社与新闻集团、美联社、路透社、英国广播公司、谷歌等8家世界著名媒体机构共同举办了"世界媒体峰会",在加强与其他国际主流媒体交流与合作的同时,新华社向世界展示了中国主流媒体承担社会责任、秉承公益使命的良好形象。又如,2011年7月,新华社与联合国开发计划署联合举办题为"消除贫困"的全球摄影比赛,通过视觉影像呈现造成贫困的原因和消除贫困的途径。通过这些合作，作为国家主流媒体的新华社向国际社会表达了中国社会关注贫困问题、承担社会责任的意愿，同时促使其他国家及其公众关注贫困，在国际行动中共同承担责任，履行使命。

第五节　媒体外交的四个效应

以上，笔者通过概念的梳理，给"媒体外交"下了一个操作性定义，即媒体外交是指国家政府及其代表、媒体机构及其他行为主体通过国内外媒体，包括新兴媒体平台，以发布官方权威信息、就争议性问题进行对话和讨论、组织联合采访报道和国际性活动等形式，影响国际公众，进而影响外交决策。从这个定义可以看出，媒体外交所要实现的直接效应是影响国际公众的认知与态度，最终目标是影响外交决策。

公共外交自诞生起，影响并创造有利于自身利益的国际舆论环境就是其重要使命之一。作为公共外交重要组成部分的媒体外交直接参与国际舆论空间的塑造、修正，乃至争夺过程，在由国家构成的国际社会中，媒体外交主要发挥"信任""塑造""测试"和"申告"等效应。①

一、信任效应

学者罗伯特·加斯（Robert H. Gass）和约翰·赛特尔（John S.

---

① 本章内容参考了笔者与钟新教授在 2012 年合写的《理解媒体外交：基本模式与中国战略》一文，刊于《中国公共外交研究报告 2011/2012》，时事出版社 2012 年版，第 55—87 页。

Seiter)曾在《公信力与公共外交》(*Credibility and Public Diplomacy*)①一文中论述了公共外交与公信力之间的关系。两位学者认为,公信力是一种基于受众的感知现象,在公共外交实践中,实践主体是否具有公信力很大程度上取决于收受主体的看法。但是,根据印象管理理论(Impression Management Theory),客体对主体是否具有公信力的判断受主体言行的影响;也就是说,公共外交的实践主体可以影响收受主体对其公信力的认识,当实践主体的言行符合收受主体的要求时,即能获得最大的可信度。

众所周知,在国际传播语境下,一国公众主要通过媒体渠道获取关于他国的信息,由此获得认识,形成态度。从这个角度而言,公共外交实践所要实现的公信力,即获取外国公众的信任,主要依靠媒体外交来实施;获取或增强外部世界对本国的信任与认同,构成了媒体外交所要达成的重要效应之一,而这一效应的实现通常需要媒体的长期努力和积累。

立足传播学视角,收受主体一般会对传播主体持三种态度:反对、赞同与中立。由此可知,媒体外交需要通过提供具有公信力的日常报道和权威言论,坚定赞同态度的受众、争取中立态度的受众、说服反对态度的受众,为传播主体,即媒体及其所在国赢得国际认同与信任。

---

① Gass R. H. & Seiter J. S. ,"Credibility and Public Diplomacy", In Snow N. & Philip M. P. (eds.), *Routledge Handbook of Public Diplomacy*, New York: Routledge, 2009, pp. 154—162.

二、塑造效应

国家形象塑造是一国开展媒体外交的直接结果。根据传统的国家形象研究,即本质主义的国家形象观,国家形象更多地被诠释为行为主体的一种主动投射(project);事实上,从国际关系的建构主义视角出发,国家形象的塑造涵盖了主体间性(inter-subjectivity)因素,即由主客体互动而成。① 这里所指的媒体外交塑造效应包含两个方面。

一方面,它指媒体对本国形象的自我描述,通过对国内和国际重大事件的报道,主动向国际社会呈现(present)一种自我形象。比如,在2008年汶川地震报道中,中国媒体将受灾群众作为报道的核心,以客观、真实的报道塑造了以民为本、齐心协力的中国形象,积极扭转了因之前"3·14"事件而导致的在国际社会中的被动局面,创造了良性的国际舆论环境。

另一方面,国家形象的塑造并非只由传播主体的主动投射构成,它还涵盖收受主体,包括对象国及其公众,以及对这种投射的认知。对于客体认知,如前文所述,要想获得客体的正面认知,主体的言行要符合客体的要求,获取其信任与认同。中国媒体近些年来与其他国际媒体同行就国际公众关心的议题进行合作,从而在国际社会塑造正面的国家形象。

综上所述,媒体外交的塑造效应由主动投射与客体认知两部

---

① 李智:《中国国家形象——全球传播时代建构主义的解读》,新华出版社2011年版,第15—27页。

分构成;通过媒体外交实践实现的国家形象塑造由这两部分互动完成。

三、测试效应

在媒体外交实践中,测试效应类似于外交活动的压力测试,即在外交政策出台或外交活动进行之前吹风,试探国内外的接受度,从而作出相应的调整;测试的主要途径就是媒体的新闻报道。比如,日本前首相小泉纯一郎在执政期间执意参拜靖国神社,这一举动引起了亚洲很多国家与日本之间的外交纠纷。为此,日本媒体对参拜靖国神社和各种替代方案做了大量报道,试探外方反应。这些媒体报道均遭到包括中国在内的亚洲多国官方和媒体的批驳。日方从中认识到亚洲国家在日本领导人参拜靖国神社等问题上的底线,小泉之后的日本首相均严格控制了参拜行为。

可以说,通过媒体的新闻报道来测试外国政府及其公众的态度,即媒体外交的测试效应,最终服务于外交决策。

四、申告效应

媒体外交的申告效应主要作用于冲突语境,是指当突发事件没有引起外交介入,或者对象国希望避开外交渠道、通过暗中实施行动来获得本国利益时,媒体通过揭露未知事实,将相关事件做"申告备案",主动制造外交余地,从而推动事件最终摆上谈判桌。因此,媒体外交的申告效应往往体现在复杂、敏感的领土、人质、安全等外交纠纷中。

比如,2011 年 8 月 3 日,有消息称菲律宾准备在南海"靠近菲律宾的海域"进行石油开采招标,菲律宾官员称包括中海油在内的 3 家中国公司和几家外国公司已经表达了对南海石油开采计划的兴趣。2011 年 8 月 5 日,《人民日报》刊登调查文章,一方面驳斥不实传言;另一方面声明菲律宾准备开发的油田已经进入中国管辖海域。作为中共中央党报,《人民日报》通过媒体报道,既揭露了事实真相,又表明了党和国家领导层的态度,这些报道被国内外媒体广泛引用;美联社记者甚至拿着当天的报纸找菲律宾外交部采访。由此可见,在冲突语境下,媒体外交的申告效应为推动以外交方式解决冲突问题提供了有效的正面压力。

本章小结

本章通过辨析"媒体""媒介"和"传媒"三个概念,厘清了媒体外交概念的两个维度,并立足传播学视角设定横向和纵向指标,为媒体外交概念下了一个可操作性定义,即媒体外交是指国家政府及其代表、媒体机构及其他行为主体通过国内外媒体,包括基于互联网技术的社交媒体平台,以发布官方权威信息、就争议性问题进行对话和讨论、组织联合采访报道和国际性活动等形式,影响国际公众,进而影响外交决策,推动争议问题的解决,彰显国家形象与国家品牌。媒体外交可以分为三个层次,即独白式媒体外交、对话式媒体外交和合作式媒体外交。作为公共外交重要组成部分的媒体外交,直接参与国际舆论空间的塑造、修正乃至争夺过程,主要发挥信任、塑造、测试和申告效应。

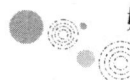
媒体外交：理论与实践

　　可操作性定义最终导向的是有针对性的学术研究。本章所呈现的媒体外交层次与传播要素构成框架，即媒体外交研究框架是本书下篇——"实践篇"的理论框架。反之，"实践篇"的个案研究又不断充实、丰富并发展着现有的媒体外交研究框架。

下篇
PART TWO
实践篇

第三章　独白式媒体外交

1939年9月3日,英国国王乔治六世通过广播向世界发表了著名的《宣战文告》,代表英国人民向德国法西斯宣战。

1949年10月1日,中华人民共和国主席毛泽东在天安门城楼庄严宣告:中华人民共和国中央人民政府成立了!当天,新华广播电台对开国大典进行了"实况转播"。

2009年年末,中国商务部在美国有线电视网(CNN)等主流媒体投放了30秒的《中国制造,世界合作》(Made in China, Made with the World)广告宣传片,提升了"中国制造"的国家形象。

2011年1月17日,由国务院出资拍摄的《中国国家形象片——人物篇》在美国纽约时报广场电子屏和CNN等主流媒体渠道投放。

以上所列举的都是典型的独白式媒体外交,在这一模式中,传播主体通常由国家政府及其代表和具有影响力的个人构成,收受主体为国际公众,媒体发挥了"传播渠道"的作用。本章将主要探讨这种媒体外交模式。

第一节　国家形象的媒介化呈现

一、国家形象片:独白式媒体外交的范例

2011年1月17日,在时任国家主席胡锦涛访美之际,《中国国家形象片——人物篇》在美国纽约时报广场电子屏和美国主流媒体连续播出一个月。该片由国务院新闻办公室出资、上海灵狮广告公司制作,被视为中国国家层面大力推进软实力、提升国家形象之举。立足传播视角进行分析,《中国国家形象片——人物篇》的传播主体是中国政府,收受主体是美国公众[①],传播渠道是纽约时报广场的电子屏幕和CNN等主流媒体。可以说,该片在美国的播出是典型的独白式媒体外交,是中国国家形象的媒介化呈现。

事实上,早在2009年,中国商务部就在美国CNN等主流媒体上播出了30秒的《中国制造,世界合作》(*Made in China, Made with the World*)广告宣传片,展现了中国的经济成就,提升了"中国制造"的国家形象。与商务部的广告宣传片不同,《中国国家形象片——人物篇》试图通过59位中国名人的陆续登场,在美国公众面前展示一个生动、全面的中国形象。

---

① 笔者曾在2012年访学期间就该片访问过新闻传播学领域的教授。他们认为,每天聚集在纽约时报广场的人更多的是来自世界各地的游客,而不仅仅是美国公众。从这个角度而言,该片的受众主体应是国际公众。

该片以红色为基调,时长60秒,59位中国名人分别诠释了"智慧(wisdom)""美丽(beauty)""勇敢(bravery)""能力(ability)""财富(wealth)"等14个象征着当代中国核心价值观的关键词(见图3—1、图3—2和图3—3)。

1	00.00 - 04.12		STUNNING CHINESE BEAUTY (1)	6	13.60 - 15.72		ENCHANTING CHINESE ART
2	04.16 - 06.44		STUNNING CHINESE BEAUTY (2)	7	15.76 - 19.20		ENCHANTING CHINESE ART
3	06.48 - 07.56		INSPIRING CHINESE BRAVERY (1)	8	19.24 - 22.32		LEADING-EDGE CHINESE AGRICULTURE
4	07.60 - 09.40		INSPIRING CHINESE BRAVERY (2)	9	22.36 - 24.92		INFLUENTIAL CHINESE WEALTH
5	09.44 - 13.56		AWARD WINNING CHINESE TALENT	10	24.96 - 26.48		INFLUENTIAL CHINESE WEALTH

图3—1 《中国国家形象片——人物篇》之体现"美丽""勇敢""艺术""财富"等视频片段

11	26.52 - 27.88		EXTRAORDINARY CHINESE PEOPLE (1)	16	32.72 - 35.48		THRILLING CHINESE ATHLETS (3)
12	27.92 - 28.48		EXTRAORDINARY CHINESE PEOPLE (2)	17	35.52 - 38.56		THOUGHT-PROVOKING CHINESE SCHOLARSHIP
13	28.52 - 30.92		EXTRAORDINARY CHINESE PEOPLE (3)	18	38.60 - 41.04		AESTHETIC CHINESE DESIGN
14	30.96 - 31.56		THRILLING CHINESE ATHLETS (1)	19	41.08 - 41.68		TREND-SETTING CHINESE SUPERMODELS (1)
15	31.60 - 32.68		THRILLING CHINESE ATHLETS (2)	20	41.72 - 42.48		TREND-SETTING CHINESE SUPERMODELS (2)

图3—2 《中国国家形象片——人物篇》之"普通中国人""体育""智慧"等视频片段

媒体外交：理论与实践

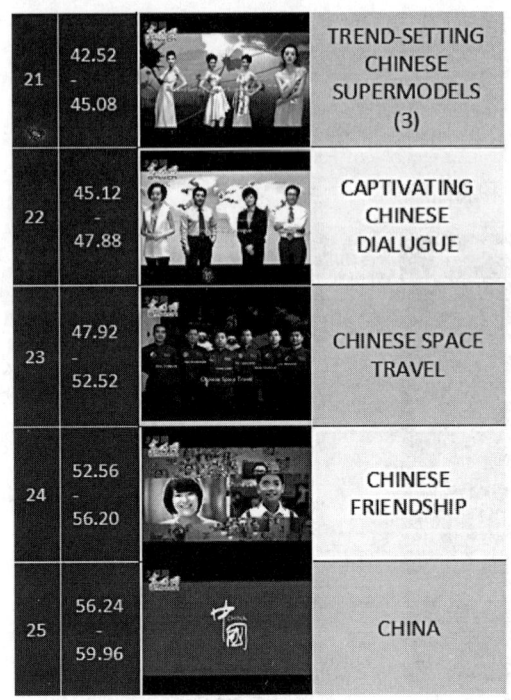

图3—3 《中国国家形象片——人物篇》之"对话""航天""友谊"等视频片段

二、《中国国家形象片——人物篇》在全球10个国家的EEG测试效果[①]

为了测试该片的传播效果，2011年年底至2012年中旬，中国人民大学新闻学院喻国明教授领衔的研究团队与波兰华沙社会科学院人类思维和大脑研究中心的Rafal Ohme教授合作，在全球10

---

① 部分内容来源于笔者与波兰华沙社会科学院人类思维和大脑研究中心 Ewa Szkudelska 在2012年7月合作的"EEG Reactions Tell Cultural Difference: A Case Study on the Effect of China National Image Film"一文，该文在2012年首尔全球营销大会(Global Marketing Conference)上宣读。

个国家(包括中国大陆)①对 400 名成人进行了脑电波(EEG)测试。与测量被测试者有意识观点(conscious opinions)的传统方法不同,EEG 测试旨在测量被测试者的潜在神经生理反应(neurophysiological reactions)。

在被测试的 10 个国家中,研究团队在 9 个国家分别选择了 44 名右撇子成人参与测试;在日本,选择了 48 名右撇子成人参与测试。这些被测试者年龄各异,社会背景各不相同,但都符合测试的相关条件。在测试开始之前,研究团队告知被测试者,他们只需要在电脑屏幕上观看一段广告,观看期间,他们的神经生理反应指数会被记录下来。以下是整个 EEG 测试的结果(见图 3—4):

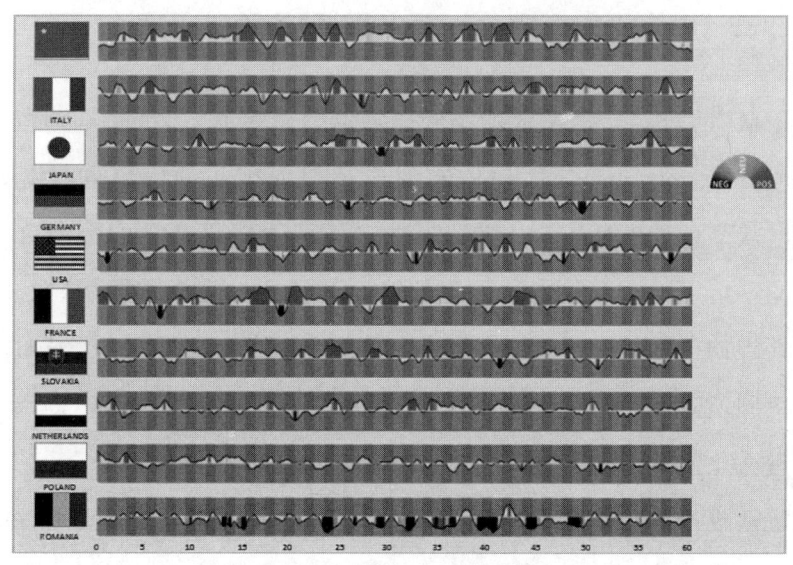

(注:NEG—负面;NEU—中立;POS—正面)

图 3—4 《中国国家形象片——人物篇》在全球 10 个国家的 EEG 测试效果

---

① 这 10 个国家分别是:中国、意大利、日本、德国、美国、法国、斯洛伐克、荷兰、波兰和罗马尼亚。本部分的讨论将中国排除在外,主要讨论《中国国家形象片——人物篇》在其他 9 个国家的传播效果。

从以上测试结果可以看出,来自不同国家的被测试者对同一主题的视频片段所产生的神经生理反应存在差异。比如,对于体现"美丽"的视频片段,来自法国和意大利的被测试者神经生理反应更为正面,而来自德国和日本的被测试者反应则较为中立。对于展现"普通中国人"的视频片段,只有来自美国的被测试者神经生理反应较为正面,其他国家的被测试者的反应都比较中立,有些国家甚至偏负面。

为了能够深入地讨论以上 EEG 测试的结果,接下来将基于跨文化理论来分析《中国国家形象片——人物篇》的传播效果。

三、《中国国家形象片——人物篇》的跨文化理论解读

众所周知,分布在全球不同国家的公众拥有各自的"心理机制(mental programs)",这种机制源于他们所生长的国家的文化环境。从某种程度而言,心理机制决定了不同文化背景的公众在面对同一情境时会产生不同的态度。荷兰社会心理学家吉尔特·霍夫斯坦德(Geert Hofstede)自 20 世纪 60 年代后期开始研究这种心理机制,基于对全球 72 个国家的 IBM 公司职员的调查,他提出了测量文化差异和特征的五个维度,即权力距离(power distance)、不确定性规避(uncertainty avoidance)、个人主义/集体主义(individualism and collectivism)、男性主义/女性主义(masculinity and femininity)以及长期/短期取向(long-term and short-term orientation)。①

---

① 〔荷〕霍夫斯坦德:《文化之重:价值、行为、体制和组织的跨国比较》(第二版),许力生导续,上海外语教育出版社 2008 年版。

霍夫斯坦德认为,权力距离这一概念最初用来描述上司和下属之间的情感距离[①],体现的是不同国家的人们对于不平等(mequality)的不同态度。他指出,在权力距离指数(Power Distance Index)较低的国家,人与人之间的相互依赖度较低,不平等呈最小化;相反,在权力距离指数较高的国家,有些人是独立的,而大部分人需要依赖他人,特别是依赖那些位高权重者,这些人也愿意接受精英群体的想法。

不确定性规避指数(Uncertainty Avoidance Index)衡量的是一个社会面对"不确定(uncertainty)"态势所感受到的威胁程度。在不确定性规避指数较高的国家,管理者倾向于采取程序化决策方式,管理以工作和任务指向为主;相反,在不确定性规避指数较低的国家,管理者很少强调控制,规范化和标准化程度也较低。

个人主义/集体主义指数(Individualism and Collectivism Index)反映的是不同社会对集体主义的不同态度。在个人主义指数较高的国家,社会结构更为松散,公众更关注自身利益;在集体主义指数较高的国家,组织成员对组织较为忠诚,公众必须考虑他人的利益。

男性主义/女性主义指数(Masculinity and Femininity Index)用来衡量社会中男性价值观和女性价值观哪个更占优势。其中男性价值观重视自信、成就和财富拥有;女性价值观强调谦逊、柔性,注重生活质量。

长期取向概念来源于《论语》,霍夫斯坦德指出,来自于长期取

---

① Mulder M., "Reduction of Power Differences in Practice: The Power Distance Reduction Theory and its Applications", In Hofstede G. & Kassem M. S. (eds.), *European Contributions to Organizational Theory*, Assen: Van Gorcum, 1976.

向指数(Long-term Orientation Index)较高国家的人们主要面向未来,较注重对未来的考虑,注意节约,具有更强的意志力;与此相反,长期取向指数较低的国家的人们主要面向过去与现在,看重眼前利益,珍视传统,注重承担社会责任,但是较为急功近利。①

接下来主要从两个维度,即权力距离指数和长期取向指数来分析《中国国家形象片——人物篇》的传播效果。

(一)来自高权力距离指数国家的公众对"智慧"视频片段的反应更为正面

根据霍夫斯坦德的权力距离指数分类,在被测试的10个国家中,法国的权力距离指数(68)高于荷兰(38)(见图3—5)。②

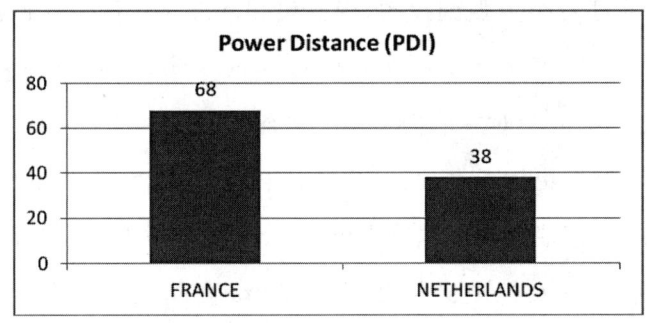

图3—5 法国和荷兰的权力距离指数

经过T检验发现,法国和荷兰两国的被测试者在看到"智慧"

---

① 〔荷〕霍夫斯坦德:《文化之重:价值、行为、体制和组织的跨国比较》(第二版),许力生导读,上海外语教育出版社2008年版,第359—362页。
② 〔荷〕霍夫斯坦德:《文化之重:价值、行为、体制和组织的跨国比较》(第二版),许力生导读,上海外语教育出版社2008年版,第87页。

视频片段时所呈现的神经生理反应不同:法国被测试者的左脑优势指数(Left Hemispheric Dominance Index)呈显著正面,即 M=0.36,t(42)=2.42,P<0.05;而荷兰的被测试者没有出现这样的反应(M=−0.01,P>0.05)。

经过 Bonferroni 校正检验(Pair wise analysis with Bonferroni correction),法国和荷兰被测试者对"智慧"视频片段的左脑优势指数存在差异,即 t(77)=1.91,P=0.06,见图 3—6。

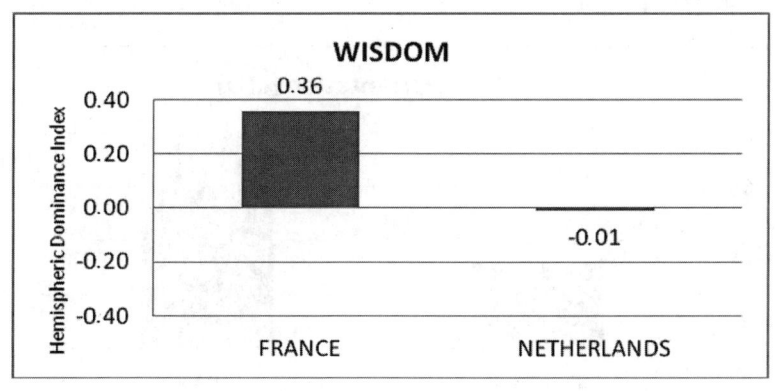

图 3—6　法国和荷兰被试者对"智慧"视频片段的左脑优势指数

在"智慧"视频片段中,出现的都是较为年长的、事业有成的男性,比如著名经济学家厉以宁、吴敬琏,著名建筑师张永和,中国国画大师黄永玉,他们都是典型的权威人士。众所周知,法国是一个典型的民主、世俗国家,具有崇尚自由的传统,社会交往在社会生活中发挥着重要作用。根据霍夫斯坦德的跨文化理论,法国是一个高权力距离指数国家(68),法国公众对权威存在很强的依赖性。当法国被测试者看到贴有权威标签的中国名人时,本着对权威的高度依赖性,他们的神经生理反应更为正面;相反,来自权力距离指数较低的荷兰被测试者则更为独立,不太崇尚权威,他们即便在生活中崇尚知识,但对于贴有权威标签的中国名人,在潜意识里并不像法国被测试者那样有正面的反应。

(二)高长期取向指数国家的公众对"财富"视频片段的反应更为正面

根据霍夫斯坦德的长期取向指数分类,在被测试的10个国家中,日本的长期取向指数(80)高于波兰(32)(见图3—7)。①

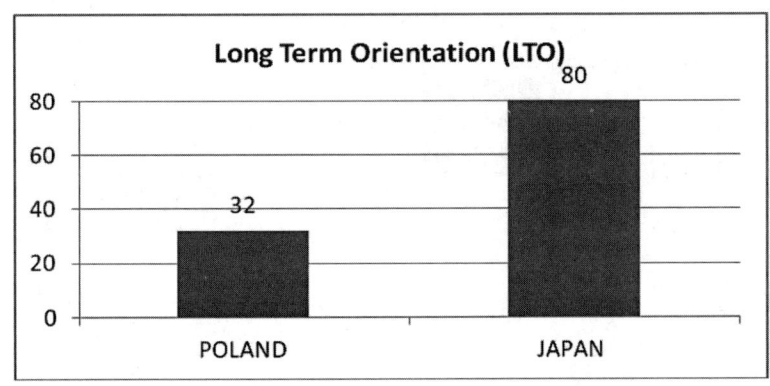

图3—7 波兰和日本的长期取向指数

经过 T 检验发现,在看到"财富"视频片段时,日本被测试者左脑优势指数呈显著正面,即 $M=0.39, t(45)=2.18, P<0.05$;而来自低长期取向指数国家的波兰被测试者没有出现这样的反应($M=-0.15, P>0.05$)。

经过 Bonferroni 校正检验,波兰和日本被测试者的左脑优势

---

① 〔荷〕霍夫斯坦德:《文化之重:价值、行为、体制和组织的跨国比较》(第二版),许力生导读,上海外语教育出版社2008年版,第356页。

指数存在显著差异,即 t(86)=2.14,P<0.05。这表明,高长期取向指数国家的被测试者对"财富"视频片段的神经生理反应更为正面(见图3-8)。

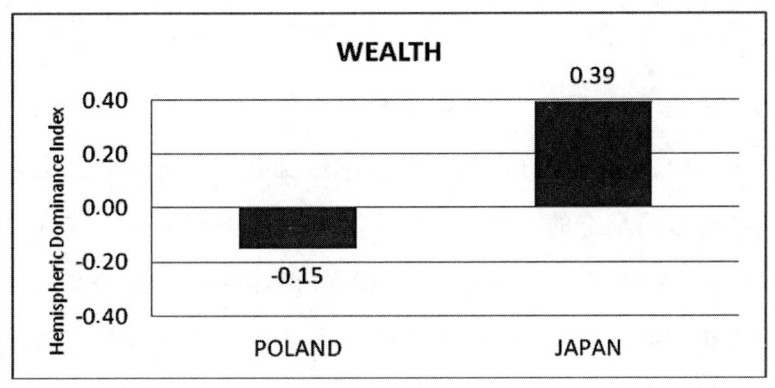

图3-8 波兰和日本公众对"财富"视频片段的左脑优势指数

日本是一个典型的长期取向指数较高的国家,他们对于财富概念更为敏感,更加尊重通过个人努力而获得财富和地位的中国新贵,因此,当日本被测试者看到代表中国新一代"财富"阶层的中国富豪时,其左脑优势指数较高;相反,来自低长期取向指数国家的波兰被测试者,他们更加注重个人的日常生活,对于距离自己较远的财富阶层关注度较低,所以,其左脑优势指数也就相对较低。

以上根据权力距离指数和长期/短期取向指数分析不同文化背景的公众对于从不同角度呈现中国形象的国家形象片所表现出的不同神经生理反应,这在一定程度上证明了产生于不同文化语境的"心理机制"影响着各国公众对于同一传播内容的不同接受程度。这也进一步证明,当国家政府主体试图采用独白式媒体外交的形式,通过国家形象的媒介化呈现方式来影响目标国家的公众时,必须了解目标国家的文化特征及其"心理机制"。

四、纽约时报广场的"中国屏":国家形象媒介化呈现的渠道

2011年8月1日,新华社全资子公司——新华影廊(北京)文化传播有限责任公司(以下简称"新华影廊公司")开始长期租用美国纽约时报广场上的一块大型广告屏幕。这块LED大屏幕位于号称"世界十字路口"的纽约时报广场2号楼,高约19米,宽约12米。

自租用起,新华影廊公司就先后播出了新华社及其下属的新华网、"新华08"金融信息服务平台、中国新华新闻电视网和中国国际文化影像公司等机构的形象片;同时,这块广告屏也成了中国诸多城市和企业向世界呈现城市形象和企业品牌的窗口。[①] 比如,2011年,成都市以"典型中国,熊猫故乡"为主题,通过广告屏展示了象征成都城市形象的杜甫草堂、三圣花乡、成都老茶馆和春熙路等。此后,北京、上海、江苏、福建、桂林、张家界、井冈山、青岛、丽江等30多个省市的形象片也纷纷在该屏幕上亮相。由此可见,这块广告屏成了中国向美国公众和前来纽约旅游的各国公众展现中国人文风情、呈现中国国家形象的重要窗口,因此被称为"中国屏"。

除此之外,新华影廊公司自2010年起就在海外积极打造高端、专业并长期固定的"新华影廊",以专业影像画廊充当展现中国国家形象的重要载体。

---

① 荣娇娇:《新华影廊公司纽约时报广场广告屏幕投入试运行》,新华社,见 http://www.gov.cn/jrzg/2011-08/01/content_1917846.htm。

"中国屏"和"新华影廊"呈现了中国国家形象,充当了国家形象媒介化呈现的渠道。

第二节 首脑的独白式媒体外交

一、首脑外交概念的提出

尽管"首脑外交",即超越部长级而达到最高一级的外交实践早已存在,[①]但是直到 20 世纪,首脑外交才具有了今天所指的现代含义。美国学者埃尔默·普利施科(Elmer Plischke)认为,英国前首相温斯顿·丘吉尔(Winston Churchill)在 1953 年春首次使用了"首脑"一词,"当时,他呼吁召开一个'在最高的级别上'的主要西方国家领导人和苏联领导人会议。"[②]而后,普利施科在 1986 年出版的《首脑外交》(*Diplomat in chief：The President at the summit*)一书中,较为全面地诠释了首脑外交的含义。第一,从政治级别来看,首脑一般是指"行政首长,包括国家元首与政治首脑,但在某些特定情况下也可以包括某些级别高于部长的其他官员,比如,由首脑任命的特使,作为他的个人代表在最高一级别与别国政府打交道"[③]。第二,从外交场合来看,首脑外交包括"总统参与对外政策的制定和实施的所有方面。这种外交包括由总统制定发表政策,

---

[①] 公元前 1280 年,埃及国王拉美西斯二世与赫梯王哈土舒尔三世举行谈判,缔结了最早的条约。
[②] 〔美〕埃尔默·普利施科:《首脑外交》,周启朋、顾德欣、熊志勇、宫少朋译,世界知识出版社 1990 年版,第 16 页。
[③] 转引自周启朋、杨闯等编译:《国外外交学》,中国人民公安大学出版社 1990 年版,第 128—131 页。

并使之规范化;总统通过信件、电报、电话和热线与其他国家领导人的个人通讯;总统任命上百名特使,作为他的个人代表在最高一级别与别国政府打交道;接待对本国进行正式或非正式访问的外国领导人;为参加礼仪大事、协商和谈判而进行的出国周游或短途旅行;以及总统参加在本国或外国召开的国际会议等"①。

在传统外交时代,外交主要由专门的外交机构和职业外交人员执行,首脑外交并未在国家政府的外交活动中占据重要地位。20世纪初,飞机旅行的实现和信息通讯技术的出现加快了外交实践的步伐,也使得各国领导人可以在适当的时候将外交关系提升到最高一级,客观上改变了传统外交形式。普利施科就指出,自第一次世界大战以来,首脑外交在外交实践中地位的提升,原因在于:第一,首脑的参与通常赋予外交事件以特殊重要性,往往会成为公众注意的中心;第二,首脑外交这种外交形式通过新闻媒介的呈现,逐渐在公众观念中普及化。②

诚如前文所论,外交公开化进程实则是现代社会媒介化在外交领域的反映。"一战"后,欧洲大陆公众对秘密外交的厌恶和大众传播技术的出现与应用推动了外交的公开化。从某种程度而言,"一战"后首脑外交地位的提升正是现代社会媒介化的客观需求,首脑通过本国媒体或国际媒体,以声明、宣言、署名文章等形式向国际公众发布权威信息,满足公众了解国家事务和国际事务的信息需求。

---

①② 转引自周启朋、杨闯等编译:《国外外交学》,中国人民公安大学出版社1990年版,第128—131页。

二、十八大以来我国日益活跃的首脑外交

一般来说,首脑外交中的首脑是指国家元首或政府首脑。③ 在我国,国家元首是指"代表国家主持对内对外事务的最高领导人"④,即中华人民共和国国家主席;政府首脑是指"中央政府的领导人,如总理、部长会议主席、首相"⑤,即国务院总理。鉴于中国的国情,除了国家主席和国务院总理外,中共中央总书记承担着代表中国共产党对外交往的职能,因此也属于首脑范畴;此外,作为国家最高权力机关的全国人民代表大会及其常设机关全国人民代表大会常务委员会的委员长,以及中国人民政治协商会议全国委员会主席也都属于首脑范畴,⑥这些首脑所参与的外交活动构成了中国的"最高层外交(summit diplomacy)",也就是首脑外交。本书所指的首脑主要是指国家主席和国务院总理,他们是国家的最高领袖,也是国家内政外交的最后决策人。

进入21世纪,我国首脑外交的地位逐步提高,具有标志性意义的是2004年3月,第十届全国人民代表大会第二次会议通过一项宪法修正案,将宪法第八十一条规定的"中华人民共和国主席代表中华人民共和国,接受外国使节;根据全国人民代表大会常务委员会的决定,派遣和召回驻外全权代表,批准和废除同外国缔结的条约和重要协定"修改为"中华人民共和国主席代表中华人民共和

---

③ 美国总统既是国家元首,又是政府首脑,两者职能合二为一。
④ 邹瑜、顾明主编:《法学大辞典》,中国政法大学出版社1991年版,第937页。
⑤ 邹瑜、顾明主编:《法学大辞典》,中国政法大学出版社1991年版,第1144页。
⑥ 张清敏、刘兵:《首脑出访与中国外交》,《国际政治研究》2008年第2期,第2页。

国,进行国事活动,接受外国使节;根据全国人民代表大会常务委员会的决定,派遣和召回驻外全权代表,批准和废除同外国缔结的条约和重要协定"。① 这一修改确立了国家首脑开展外交活动,即首脑外交的合法地位。

自十八大以来,新履职的国家主席习近平和国务院总理李克强频繁出访,并多次出席重大多边外交活动,首脑外交更加活跃。仅2013—2014年两年间,习近平主席共出访11次,足迹遍及欧洲、非洲、美洲和亚洲的20多个国家;李克强总理共出访8次,访问了印度、巴基斯坦、瑞士、德国、埃塞俄比亚、哈萨克斯坦、塞尔维亚等国家。

三、首脑的独白式媒体外交

值得注意的是,在以上这些出访中,两位首脑经常以出访前接受到访国媒体的采访、在到访国发表重要演讲、通过到访国重要媒体发表署名文章、与到访国领导人共同会见记者等方式,向国际社会传递新的执政理念和以"中国梦"为中心的价值观体系。这种由一国首脑通过到访国或国际媒体向目标国受众传递信息的形式是典型的由首脑进行的独白式媒体外交,其作用在于传递中国官方的声音,表明中国立场,强调中国与世界其他国家的共同利益。

以下列举了2013—2014年两年间习近平主席的独白式媒体外交范例(见表3—1):

---

① 转引自张清敏:《中国修宪:提升首脑外交》,《世界知识》2004年第8期,第62页。

表 3—1　2013—2014 年习近平主席的独白式媒体外交范例

出访时间和地点	通过媒体传播中国声音
2013 年 3 月 22 至 30 日，访问俄罗斯、坦桑尼亚、南非和刚果，并出席金砖国家领导人第五次会晤	出访前，接受金砖国家媒体——俄罗斯俄通—塔斯社、俄罗斯全国广播电视公司、南非卫星电视五台、印度报业托拉斯、巴西《经济价值报》和中国新华社记者的联合采访
2013 年 5 月 31 日至 6 月 6 日，访问拉美三国；6 月 7 日至 8 日在美国加利福尼亚州安纳伯格庄园同奥巴马总统举行会晤	接受特多《快报》、哥斯达黎加《共和国报》和墨西哥《至上报》的联合书面采访
2013 年 9 月 3 日至 13 日，对中亚四国进行国事访问，出席 G20 峰会和上合组织成员国元首理事会	接受土、俄、哈、乌、吉五国媒体联合采访
2014 年 3 月 22 日至 4 月 1 日，出席第三届核安全峰会，对荷兰、法国、德国和比利时进行国事访问；访问联合国教科文组织总部、欧盟总部	在荷兰《新鹿特丹商业报》、法国《费加罗报》、德国《法兰克福汇报》和比利时《晚报》上发表署名文章
2014 年 7 月 3 日至 4 日，对韩国进行国事访问	在韩国《朝鲜日报》《中央日报》和《东亚日报》同时发表题为《风好正扬帆》的署名文章
2014 年 7 月 15 日至 23 日，出席金砖国家领导人第六次会晤及中国—拉美和加勒比国家领导人会晤；对巴西、阿根廷、委内瑞拉和古巴进行国事访问	接受巴西《经济价值报》、阿根廷《国民报》、委内瑞拉国家通讯社和古巴拉丁美洲通讯社的联合采访
2014 年 8 月 21 日至 22 日，对蒙古国进行国事访问	在蒙古国《日报》《今日报》《世纪新闻报》《民族邮报》和蒙古新闻网网站同时发表题为《策马奔向中蒙关系更好的明天》的署名文章
2014 年 9 月 11 日至 19 日，出席上合组织成员国元首理事会，对塔吉克斯坦、马尔代夫、斯里兰卡、印度进行国事访问	在塔吉克斯坦《人民报》和"霍瓦尔"国家通讯社同时发表题为《让中塔友好像雄鹰展翅》的署名文章；在马尔代夫《今晚报》和太阳在线网同时发表题为《真诚的朋友，发展的伙伴》的署名文章；在斯里兰卡和印度媒体上发表署名文章
2014 年 11 月 14 日至 23 日，出席二十国集团（G20）领导人峰会，对澳大利亚、新西兰和斐济进行国事访问	在新西兰媒体上发表署名文章

为了分析2013—2014年两年间习近平主席通过独白式媒体外交方式向国际公众传递了哪些信息，笔者利用ICTCLAS2015软件对以上范例的文本(共39,222字)进行了词频分析(见图3—9)：

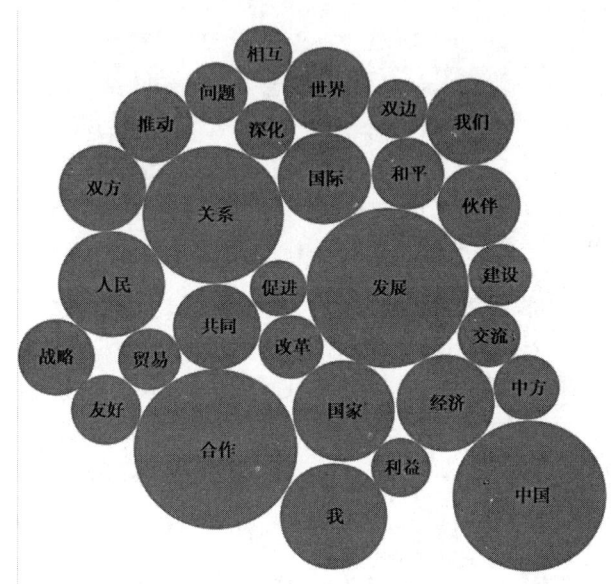

图3－9　2013－2014年习近平主席独白式媒体外交文本的词频图

从以上词频分析可以看出，"合作""发展""中国""关系"和"人民"是习近平主席试图通过媒体告知国际公众的核心信息；"合作"与"发展"向来是中国外交工作的重要内容。习近平主席在独白式媒体外交中凸显"中国"一词，体现了十八大以来，我国外交更加重视国家利益在对外关系中的坐标作用。总体而言，这五个核心词反映了十八大以来我国外交积极寻求合作、在与国际社会互动中实现国家利益的新趋势和新特点。

值得一提的是，习近平主席在独白式媒体外交中突出了"我"这个词，这既表明首脑个人在中国对外关系中的地位和作用进一步增强，又意味着习主席和夫人彭丽媛个人旨在通过与国际公众的频繁互动，向世界传递中国积极、友善的信号，增强中国外交的亲和力。

第三节 其他行为主体的独白式媒体外交

在独白式媒体外交中，除了国家政府和首脑充当传播主体外，具有影响力的个人也是重要的传播主体之一。比如，在中日钓鱼岛争端发酵的2012年和2013年，中国富商陈光标先后以自己及其子女的名义在国际主流大报上刊登广告。

2012年8月29日，陈光标在美国《纽约时报》刊登半版广告，题为《假如日本宣布夏威夷是日本领土，美国人民和政府作何感想？》，采用反问修辞，阐明了钓鱼岛属于中国的个人观点（见图3—10）。

图3—10 陈光标在《纽约时报》刊登的半版广告

2013年8月5日，陈光标之子陈环境又在《纽约时报》刊登半版广告，题为《日本良知学者井上清：钓鱼岛是中国的》的文章，借日本学者之口,再次阐述了钓鱼岛属于中国的观点(见图3—11)。

图3—11　陈光标之子陈环境在《纽约时报》刊登的半版广告①

陈光标及其子在《纽约时报》刊登广告,就涉及国家利益的国际问题阐明观点与立场,是典型的通过媒体渠道进行独白式媒体外交的案例。近年来,由于屡屡曝光于媒体的善举,陈光标显然已经成为中国公共领域中颇具影响力的知名人物。他采用在国际主流媒体上刊登广告这一形式,就涉及中国国家利益的热点议题发表观点,旨在影响国际公众对议题的看法,进而影响其所在国家政府对此议题的态度及其所采取的政策。

本章小结

本章主要讨论了独白式媒体外交模式。在这一模式中,媒体

---

① 图片来源于中新网。

要发挥"传播渠道"的作用;传播主体通常由国家政府及其代表和具有影响力的个人所构成,收受主体为国际公众。具体来说,本章从国家形象的媒介化呈现、首脑的独白式媒体外交和其他行为主体的独白式媒体外交三个方面探讨了独白式媒体外交模式。在讨论国家形象的媒介化呈现时,本章以2011年在美国纽约时报广场和美国主流媒体平台播出的《中国国家形象片——人物篇》为例,通过分析在全球10个国家采集的EEG测试数据,阐明了以投放国家形象片的方式来影响外国公众时必须考虑不同国家的文化语境及其公众的"心理机制"。在分析首脑的独白式媒体外交时,本章以十八大以来习近平主席的独白式媒体外交范例为研究对象,通过词频分析解读其传递的核心信息。此外,本章还以中国富商陈光标及其儿子在国际主流媒体《纽约时报》上刊登的广告为例,讨论了其他行为主体针对国际公众展开的独白式媒体外交。

第四章 对话式媒体外交

2013年8月21日,叙利亚大马士革东部郊区发生化学武器袭击事件,造成平民伤亡。事件最初由叙利亚反对派披露,称是叙政府所为,但叙政府立即否定并称是反对派所为。此事件立即引起了国际社会的广泛关注,美国政府和俄罗斯政府就该事件通过各自媒体展开了"话语"交锋。

2014年9月28日,第十届"北京—东京论坛"在日本东京开幕。450名与会代表围绕"构筑东北亚和平与中日两国的责任——通过对话克服困难"这一主题进行深入讨论。在中日关系陷入僵局的背景下,创办于2005年的"北京—东京论坛"搭建起了中日高层之间对话的平台,使彼此释放出改善中日关系发展的正能量。

对话式媒体外交主要是指国家政府及其代表、媒体机构等通过本国或外国媒体,尤其是基于互联网技术的新兴媒体,就争议性话题展开对话、讨论,甚至辩论,通过观点争鸣,实现与外国公众的对话,乃至互动。整体而言,在对话式媒体外交中,媒体主要扮演"传播渠道"的角色。在新兴媒体语境下,媒体机构日渐以"行为主体"身份邀请受众在新兴媒体平台上进行对话与互动。

第一节 媒体倡导的对话式媒体外交

一、《中国日报》的"北京—东京论坛"和"亚洲领袖圆桌论坛"

"北京—东京论坛"是《中国日报》和日本非营利机构"言论NPO"于2005年创办的以中日关系为主题的国际论坛,每年由中日两国交替举办,至今已举办了十届。论坛以邀请两国政界、商界、学界和新闻界等高层人士与会,就中日关系发展中出现的新问题、新动向进行坦诚对话为主要方式。

2010年创办的"亚洲领袖圆桌论坛"是《中国日报》另一个旨在通过对话达成共识来提升中国在亚洲地区的影响力、彰显国家品牌的实际案例。"亚洲领袖圆桌论坛"依托于《中国日报》所属的"亚洲新闻联盟",由联盟成员轮流定期举行;来自亚洲各国的政、商、学界领袖和社会精英就当前经济、商业和社会发展等具有战略意义的议题进行对话和交流。

二、中国国际广播电台的"国际在线"网络对话

中国国际广播电台(以下简称"国际台")官网"国际在线(CRI Online)"目前可以提供43种语言服务,借助这一语言优势,国际台

不断推出围绕热点议题的网络对话活动,用目标受众熟悉的母语与海外网友进行在线的实时互动。比如,2007年,国际台推出由中日两国专家、学者和媒体人士参与的"春夏秋冬"中日网络四季对话。两国嘉宾分别在北京和东京通过互联网与网民讨论、互动,旨在通过中日两国民众间的对话与交流,推动沟通,促进相互理解。①此外,国际台还先后举办了"中捷网络对话:认识西藏"活动,就西藏问题与捷克网民对话;以法、德、意、西、葡、世界语等6个语种,同步举行了"美丽的西藏"大型主题网络对话活动;与土耳其当地电台联合举办"来自乌鲁木齐的声音"中土系列网络—广播对话。②国际台以网络对话的形式,在热点议题上向外国公众传递了中国声音,在与外国公众的网络互动中强化了中国官方的态度与立场。

第二节 基于媒体平台的对话式媒体外交

一、基于传统媒体平台的对话式媒体外交:以2013年美俄媒体对叙利亚"化武事件"的报道为例

(一)2013年叙利亚"化武事件"背景

2013年8月21日,叙利亚大马士革东部郊区发生化学武器袭击事件(以下简称"化武事件"),造成平民伤亡。事件最初由叙利

---

① 孙建和:《中日网络对话成功的启示》,《对外大传播》2007年第6期,第41页。
② 王庚年:《中国国际广播电台增强国际传播能力建设的十大突破点》,《中国广播电视学刊》2010年第10期,第9页。

亚反对派披露，称是叙利亚政府所为，但叙利亚政府立即否定，并称是反对派所为。

此事件引起了国际社会的广泛关注，联合国成立"化武"调查小组前往叙利亚调查。然而美国和俄罗斯双方对该事件作出了截然相反的表态：美方声称有情报可以确定此事件为阿萨德政府所为，而俄方则称掌握了叙利亚反对派对无辜平民使用化学武器的证据。在事件发生的一年之前，美国总统奥巴马曾将使用化学武器设定为"红线"。"化武事件"发生后，奥巴马承诺在公布叙利亚使用化学武器新证据的同时将有限度地打击叙利亚，以此向叙利亚政府施压。2013年8月31日，美国白宫正式向国会提交决议草案，要求授权对叙利亚政府采取军事行动。

2013年9月5日，俄罗斯总统普京为二十国集团（G20）领导人举行工作晚宴。会上各方代表分别表明立场：美方坚持认为叙利亚政府使用了化学武器，而俄方表示目前的照片、视频等证据无法证明叙利亚政府使用化学武器，并强调叙利亚人民的利益高于一切，应在联合国框架内解决问题。9月6日，在俄罗斯圣彼得堡举行的G20峰会上，奥巴马一改口风，称不希望对叙利亚采取军事行动，准备研究防止使用化学武器的其他方式。同一天，澳大利亚、加拿大、法国、意大利、日本、韩国、沙特阿拉伯、土耳其、英国和西班牙在G20峰会上与美国签署联合声明，谴责叙利亚政府使用化学武器，支持美国和其他国家对禁止使用化学武器所做的努力。同样是在当天的G20峰会上，普京表示，如果叙利亚阿萨德政府遭到军事打击，俄罗斯将继续向其提供包括武器在内的协助。普京认为，叙利亚境内发生的"化武事件"，完全是叙利亚反对派武装一手炮制的"挑衅行为",目的是获取西方支持。

2013年9月9日,叙利亚外长穆阿利姆在莫斯科与俄罗斯外长拉夫罗夫举行会谈,俄方建议叙利亚交出化学武器,将其置于国际监管之下,以此避免遭受美国的军事打击。当晚叙利亚政府同意了俄方建议。9月10日,奥巴马在关于叙利亚问题的全国电视讲话中称,他已请求国会推迟对军事打击叙利亚的议案投票,以便与俄罗斯等国合作,通过外交渠道迫使叙利亚总统阿萨德放弃化学武器。9月11日,普京在《纽约时报》网站发表署名文章,对美国公众和政界领袖直接讲话。9月14日,美俄在日内瓦就叙利亚销毁化学武器达成协议,事件出现缓和迹象。

(二)国际媒体对叙利亚"化武事件"的报道

笔者利用Lexis-Nexis数据库获取了10家较具影响力的国际媒体对此事件的报道文本,分析了这些媒体在"化武事件"被披露的2013年8月21日至"日内瓦协议"达成的9月14日之间的相关报道量及走势(见图4—1、4—2)。

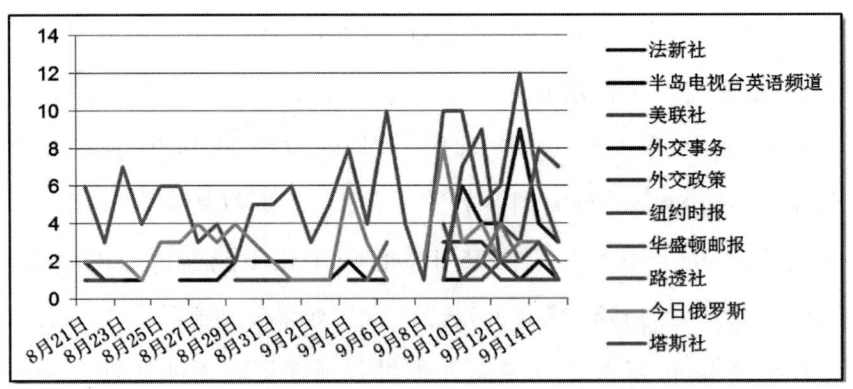

图4—1 国际媒体对叙利亚"化武事件"的报道量走势

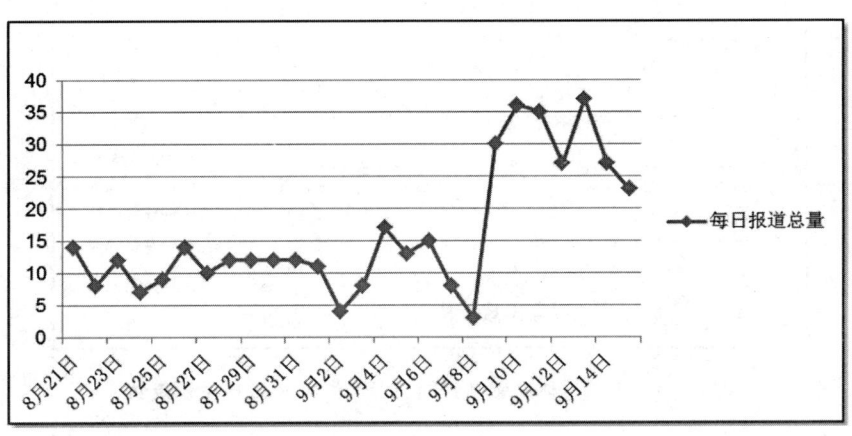

图4—2　国际媒体对叙利亚"化武事件"的每日报道总量走势

由图4—1、图4—2可见,这10家国际媒体对叙利亚"化武事件"的报道主要集中于三个时间段:即叙利亚"化武事件"爆发(8月21日)、俄罗斯圣彼得堡G20峰会(9月4—6日)和"日内瓦协议"达成(9月13—14日)。接下来,基于这三个时间段,分析美俄媒体对叙利亚"化武事件"的报道。

(三)美国和俄罗斯媒体对叙利亚"化武事件"的报道

1.俄罗斯媒体比美国媒体更积极地报道此事件

俄罗斯媒体的报道在上述三个时间节点都比较活跃,特别是在俄罗斯圣彼得堡G20峰会期间和9月11日普京总统在美国《纽约时报》网站发表署名文章时最为活跃(见图4—4)。相比较而言,美国媒体在第三个时间节点较为活跃(见图4—3)。

2.美国和俄罗斯媒体对叙利亚"化武事件"的媒体框架

框架(Frame)概念最初由美国社会学家欧文·戈夫曼(Erving

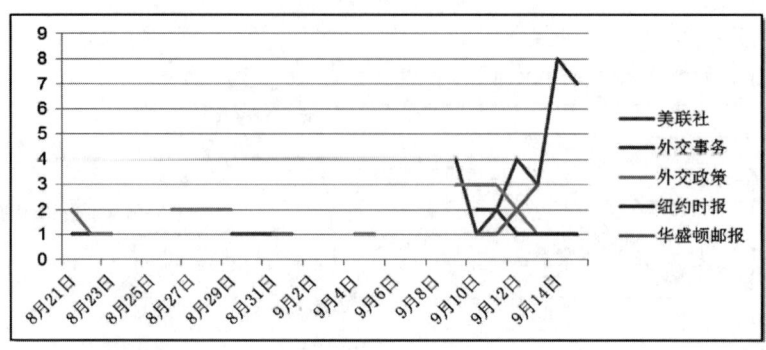

图 4—3 美国媒体对叙利亚"化武事件"的每日报道量走势

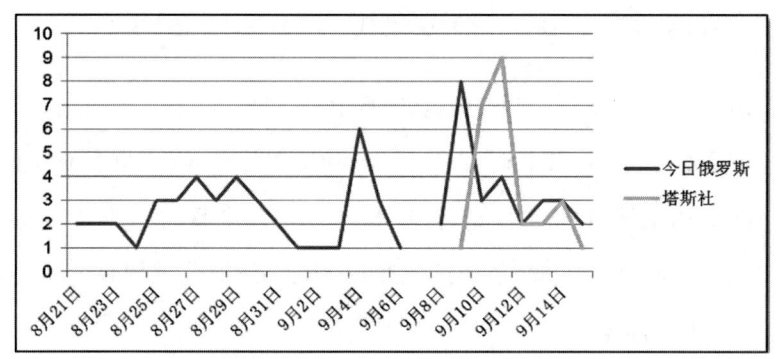

图 4—4 俄罗斯媒体对叙利亚"化武事件"的每日报道量走势

Goffman)在1974年提出。他认为,框架是人们认识与解释社会生活的一种认知结构。[1] 此后,框架概念被很多学者所采用,比如,有学者用来研究政治框架如何产生,[2]有学者用来研究新闻报道如何

---

[1] Goffman E., *Frame Analysis: An Essay on the Organization of Experience*, New York: Harper & Row, 1974.
[2] Tuchman G., *Making News: A Study in the Construction of Reality*, New York: Free Press, 1978; Gitlin T., *The Whole World is Watching: Mass Media in the Making and Unmaking of the New Left*, Berkeley: University of California Press, 1980.

阐释框架,[1]还有学者用来讨论政治话语中框架的主要效果。[2] 其中,威廉·甘姆森(Gamson, W. A.)和安德烈·莫迪格利亚尼(Modigliani, A.)认为,框架是指媒介话语的内在结构和让受众知晓事件的核心思想,并采用了媒体话语包裹(media discourse packages)方法来研究1945年至20世纪80年代电视新闻、新闻杂志、社论漫画和辛迪加专栏在报道核电时所采用的媒体框架。[3]以下将采用甘姆森和莫迪格里亚尼的媒体话语包裹方法,从框架元素(framing devices)(隐喻、范例和描述)和论证元素(reasoning devices)(原因分析、结果和呼吁原则)两个维度来分析美国和俄罗斯媒体对叙利亚"化武事件"的媒体框架。

■ 叙利亚"化武事件"爆发:美俄媒体就"叙利亚'化武事件'是否发生?若发生,是叙利亚政府还是叙利亚反对派所为?"展开争论

8月21日,叙利亚大马士革东部郊区发生了化学武器袭击事件,此事件是否真的发生?如果发生,是叙利亚政府所为还是叙利亚反对派所为?这是叙利亚"化武事件"发生后美俄两国政府争执的核心问题。

---

[1] Pan Z. D. & Kosicki G. M., "Framing Analysis: An Approach to News Discourse", *Political Communication*, No. 10, 1993, pp. 55—75.
[2] Kinder D. R. & Sanders L. M., "Mimicking Political Debate with Survey Questions: The Case of White Opinion on Affirmative Action for Blacks", *Social Cognition*, No. 8, 1990, pp. 73—103; McCombs M., Shaw D. L. & Weavers D. (eds.), *Communication and Democracy: Exploring the Intellectual Frontiers in Agenda — Setting Theory*, Mahwah, NJ: Erlbaum, 1997.
[3] Gamson W. A. & Modigliani A., "Media Discourse and Public Opinion on Nuclear Power: A Constructionist Approach", *American Journal of Sociology*, No. 95, 1989, pp. 1—37.

表 4—1　美俄媒体对叙利亚"化武事件"报道的媒体话语包裹（一）

	争议点之一 叙利亚"化武事件"是否发生？若发生,是叙利亚政府还是叙利亚反对派所为？	
	美国媒体	俄罗斯媒体
媒体 框架	美国官方坚持"国际社会所设定的红线",美方希望通过联合国寻求解决问题的途径,但俄罗斯和中国给予阻力	美国政府没有独立证据证明叙利亚境内是否发生了化武袭击事件;俄方认为此事件是"有偏见的地区媒体预先设计好的挑衅行为"
隐喻	"红线(red line)";"只要俄罗斯和中国弱化安理会声明,叙利亚就不可能合作。"	"有偏见的地区媒体(biased regional media)";"有计划的挑衅(planned provocation)";"无法确凿断定(conclusively determine)"
范例	一位名叫 Razan Zaitouneh 的反对派积极分子描述当时的情况说道:"这一次有所不同。他们不能呼吸。眼睛是红色的。眼圈缩小。他们看不清东西。他们的嘴巴里有时吐出白色的东西。"	俄罗斯外交部援引其消息来源称,一枚携带不明化学物质的自制火箭弹发射自叙利亚反对派控制的区域
描述	"抽搐、瞳孔收缩、视力模糊和呼吸受损都是神经性中毒的典型症状"	"据路透社报道,华盛顿称没有独立证据证明在叙利亚境内使用了化学武器。" "叙利亚信息部长 Al—Zoubi 称,一旦联合国调查小组成功完成任务,调查人员就会发现化学武器是在 Khan al—Assal 地区使用的,并且叙利亚军队没有使用这类武器。"
原因 分析	由于俄方和中方的最终修改,安理会最终只发布了一封中规中矩(tepid)的声明	最近的"挑衅(provocation)"可能是反对派想以此获取联合国安理会的支持,破坏日内瓦的叙利亚和平谈判
结果	奥巴马政府想要增强联合国核武器核查小组权力的努力失败了;众议院中对向叙利亚反对派提供武器装备持最激烈反对意见的共和党议员,对美国军队轰炸叙利亚当局化学武器运输体系持观望态度	有偏见的地区媒体在事件发生后就像接到指令一样,立即开始了一场颇具攻击性的信息战,将所有责任归咎于政府
呼吁 原则	俄罗斯外交部长谢尔盖·拉夫罗夫和美国国务卿约翰·克里同意两国在呼吁联合国进行客观调查这个问题上拥有"共同利益"	是否干涉、是否介入,归根结底是看美国是否获益,而不是看所谓的国际社会利益

由以上分析可以看出,美国媒体对这一议题的呈现是:美国官方坚持"国际社会所设定的红线"是美方考虑打击叙利亚的基本原则,美方希望通过联合国寻求解决问题的途径,但是俄罗斯和中国给予阻力。与此同时,叙利亚境内的反对派人士提供目击证词,称从伤势症状看是化学武器袭击所致。面对诸如此类的证据,之前反对动武的美国国会鸽派人士的态度有所缓和。

俄罗斯媒体对此议题的呈现是:美国政府没有独立证据证明叙利亚境内是否发生了化学武器袭击事件,更不用说是哪一方所为。相反,俄方认为此事件是"有偏见的地区媒体预先设计好的挑衅行为",意在破坏应叙利亚政府邀请的已进入叙利亚境内的联合国武器核查小组的调查,再加上此事件发生在反对派控制区域,是谁所为显而易见。而且,美方介入和打击叙利亚的"红线"之说前后矛盾,其提出者奥巴马总统无法自圆其说,底气不足。况且,是否干涉、是否介入,归根结底是看美国是否获益,而不是考虑所谓的国际社会利益。

■ **俄罗斯圣彼得堡 G20 峰会:俄罗斯媒体驳斥美方"红线说"。美方难自圆其说,美方媒体透露政治解决信号**

2013 年俄罗斯圣彼得堡 G20 峰会前夕,俄罗斯总统普京以东道主身份主动出击,亮明俄罗斯在叙利亚问题上的立场:拥护国际法和联合国,并积极推动叙利亚问题的解决成为原本以经济为主要议题的 G20 峰会的主要议题之一,获联合国秘书长潘基文首肯。峰会期间,美俄两国领导人就叙利亚问题展开了博弈,美俄双方通过媒体展开的话语对抗达到了顶峰。

表 4—2　美俄媒体对叙利亚"化武事件"报道的媒体话语包裹(二)

	争议点之二 俄罗斯媒体驳斥美方"红线说";美方难自圆其说,透露政治解决信号	
	美国媒体	俄罗斯媒体
媒体框架	奥巴马对所谓的"红线"之说难以自圆其说,反而将自己推入困境;普京占据外交上峰,双方有意"政治解决"	奥巴马有意对叙利亚出兵,但出师无名;遵守国际法、在联合国框架内解决问题是根本之道;普京积极推动叙利亚问题成为G20峰会主要议题之一,并获正当性
隐喻	"非法和正当性(illegal and legitimacy)";"陷入困境(into a corner)"	"反对派制造的武器(rebel-made weapons)";"正当性(legitimacy)";"维护国际法(backs international law)"
范例	"奥巴马既想攻打叙利亚,又想提前获得美国国会的批准,俄方有些人将其视为奥巴马优柔寡断的表现;而且大部分人认为美国总统这是想让美国政界分担动武及其后果的责任。"	"奥巴马说,他去年在谈论叙利亚使用化学武器时提到的'红线'是1993年签署《化学武器公约》的各国领导人所代表的'世界人民'所设定的,而不是他个人设定。""我并没有设定一条红线,是世界人民设定了这一条红线。当代表全世界98%人口的政府对使用化学武器深恶痛绝,并且通过一项公约禁止在战争中使用化学武器时设定了这条红线。"
描述	"当普京在一次全体会议后走近奥巴马时,双方闲聊了起来,奥巴马一度建议坐下来谈。他们交谈了20多分钟,主要关于叙利亚问题,其他领导人在一旁观望。奥巴马说这期间根本没有提到斯诺登。'这是一次坦诚、富有建设性的交谈,我们之间的关系一直如此。'奥巴马说。"	"G20峰会前夕,中国表示支持俄罗斯,反对叙利亚进行动武……金砖国家其他成员国也表示赞同。" "尽管G20峰会是个经济论坛,但是叙利亚问题成了周四工作晚宴的核心议题。席间,联合国秘书长潘基文感谢普京给予机会,向世界各国领导人介绍叙利亚局势。普京允许讨论叙利亚问题,主要是考虑到它对世界经济的影响。"
原因分析	奥巴马没能就对叙利亚动武达成国际共识;20国集团中只有加拿大、法国、沙特阿拉伯和土耳其少数几个成员国支持奥巴马的计划	在叙利亚境内发生的所谓"化武事件"是一场为了引发外国势力对叙利亚袭击的由反对派策划的"挑衅行为"
结果	美国最高级军官认为是否介入叙利亚的立足点是美国的国家安全利益	需要提供证据,而且证据必须由联合国相关专家验证;一旦发生军事袭击,俄罗斯会帮助叙利亚
呼吁原则	叙利亚问题最终需要政治解决,这一任务将由俄罗斯外长和美国国务卿完成	俄罗斯向来是国际法律至上的倡导者;每个国家都必须遵守国际法章程和原则

第四章　对话式媒体外交

在 G20 峰会前,美国媒体报道称,美国最高级军官认为介入叙利亚的立足点是美国的国家安全利益。美国总统奥巴马对所谓的"红线"之说难以自圆其说,从而将自己推向困境。对此,他一方面将授权打击叙利亚的责任推向国会,另一方面意在获得联合国安理会的授权和国际社会的支持,从而获取国际正当性。相比之下,俄罗斯总统普京借助 G20 峰会东道主的身份主动出击,一方面质疑奥巴马的"红线"之说,将"化武事件"定性为叙利亚反对派的蓄意挑衅,另一方面在峰会前夕表明俄罗斯的立场:拥护国际法和联合国,将自己置于国际正当性语境之下。G20 峰会期间,原本打算就叙利亚动武问题达成国际共识的奥巴马没能获得大多数领导人的支持;普京占据外交优势,并透露出双方有意"政治解决"的信号。

在 G20 峰会前,俄罗斯媒体称,奥巴马有意对叙利亚出兵,但出师无名,因为对"红线"之说仍无法自圆其说。自知无法辩解,奥巴马将"红线"之说推向国际社会,将是否出兵叙利亚推向美国国会和国际社会。而且,军事打击叙利亚尚未在美国国内获得大部分民众的支持。在 G20 峰会上,普京积极推动叙利亚问题成为原本主要讨论经济议题的峰会的主要议题之一,并获联合国秘书长首肯,具有正当性。在此情况之下,继俄罗斯官方将"化武事件"明确定性为"西方国家支持的伊斯兰反对派的挑衅"之后,总统普京直接将其定性为"为了引发外国势力对叙利亚袭击的由反对派策划的'挑衅行为'",并强调一旦发生军事袭击,俄罗斯会予以叙利亚帮助。普京在 G20 峰会前夕获得金砖国家其他成员国的支持,并一再表示遵守国际法、在联合国框架内解决问题是根本之道。

相反,美国总统一方面重申阿萨德政权是"化武事件"的幕后主使,另一方面质疑联合国安理会的有效性,搞分裂。

- **美俄在日内瓦就叙利亚销毁化学武器问题达成协议:美方窘态毕露,仍坚称武力威胁,挽回面子的同时强调美国的与众不同;俄方提出条件,进一步证明"挑衅说",坚称维护了国际法**

就在美俄两国领导人僵持不下、美国总统奥巴马等待国会的最后表决前夕,俄方抛出了将叙利亚化学武器交由国际监管的提议,叙利亚政府立即表示同意,身处两难境地的奥巴马接受了这一议案。2013年9月14日,美俄两国在日内瓦就叙利亚销毁化学武器问题达成了协议。自此,8月21日爆发的叙利亚"化武事件"趋于缓和。

表4—3 美俄媒体对叙利亚"化武事件"报道的媒体话语包裹(三)

	争议点之三 美方仍坚称武力威胁,挽回面子的同时强调美国的与众不同;俄方提出条件,进一步证明"挑衅说",坚称维护了国际法	
	美国媒体	俄罗斯媒体
媒体框架	奥巴马自叙利亚"化武事件"爆发以来一直身处两难境地,其动武议案难得国内民众的支持,国会投票预期不乐观。俄方在关键时刻抛出的议案帮美国挽回了面子	俄方继续提供有力证明"挑衅说"的证据,认为协议的签署是叙利亚的胜利,俄罗斯有效维护了国际法
隐喻	"保释(bail out)";"救星(salvation)";"外交壮举(diplomatic coup)";"滚出监狱的免费卡(get out of jail free card)"	"强有力的证据(strong proof)";"俄罗斯的建议(Russia's offer)";"和平解决方案(peaceful solution)";"严肃措施(serious measures)"

第四章　对话式媒体外交

续表

争议点之三 美方仍坚称武力威胁，挽回面子的同时强调美国的与众不同；俄方提出条件，进一步证明"挑衅说"，坚称维护了国际法	
美国媒体	俄罗斯媒体

	美国媒体	俄罗斯媒体
范例	"9月9日周一，俄罗斯总统普京作出了一个看起来不仅吸引美国总统奥巴马及其团队，而且吸引整个国际社会眼球的外交行动。他抓住了最具戏剧性的时刻——在美国国会就奥巴马对叙利亚领导人巴沙尔·阿萨德进行军事打击议案作出关键性投票之际——建议叙利亚交出化学武器，由联合国领导的国际委员会管辖。" "克里警告叙利亚：'武力威胁实际存在。'"	"'我们已经向联合国安理会递交了证明化学武器为叙利亚反对派使用的证据'，俄罗斯驻黎巴嫩大使 Aleksandr Zasypkins 说。" "到目前为止，已经有很多独立专家，包括现场目击者，特别是附近修道院的一名修女，以及西方记者。此外，欧洲和美国的一些专家，包括五角大楼和中情局12名退休雇员已经向奥巴马总统写了一封公开信，解释该事件是如何编造的。"
描述	"正当总统奥巴马的好意陷入没有胜券的困境中时，来自莫斯科的救星（salvation）降临到了他的身边。尽管他委派的官员过于积极，但奥巴马应该立即接受俄方议案。" "不论普京的议案是否会成功，普京的团队势必会将它描绘成一个外交壮举（diplomatic coup），一种奥巴马团队无法掌握的手腕。"	"美国武力干预的理由，即所谓叙利亚'化武事件'的镜头和图片是预先准备好的，在日内瓦召开的联合国人权会议上演讲者说……越来越多的资料证明了俄罗斯的观点，包括当地目击者、美国和英国的前情报专家和最近被释放的被反对派俘获的欧洲人都支持'挑衅'一说。"
原因分析	奥巴马的"红线"之说遭国际社会质疑，其动武议案难得国内民众的支持，国会投票预期不乐观	叙利亚"化武事件"的证据是预先准备好的，"化武事件"系编造
结果	俄方在关键时刻抛出的议案成了"保释"奥巴马的救星	奥巴马总统对美俄在日内瓦谈判中达成的叙利亚核武协议表示欢迎，但警告一旦外交努力失败，美国仍然准备好军事打击；对于叙利亚来说，这是一场胜利，之所以会赢得这场胜利，主要感谢俄罗斯朋友
呼吁原则	在世界任何地方使用核武器都是对人类尊严的侮辱和对人们安全的威胁	俄罗斯和美国就叙利亚问题达成共识，国际法依然有效

在美俄签署叙利亚销毁化学武器协议前后,美国媒体突出了奥巴马自叙利亚"化武事件"爆发以来一直身处两难境地,其"红线"之说遭国际社会质疑,其动武议案难得国内民众的支持,国会投票预期不乐观,俄方在关键时刻抛出的议案成了"保释"奥巴马的救星。俄方毋庸置疑地成了此事件的赢家,并抢占了下一轮对抗的先机。俄方议案提出后,叙利亚政府直言接受议案不是软弱的表现。俄罗斯总统普京开始质疑美国所谓的"长期国家利益"。美国国务卿克里窘态毕露,急于行事,不顾及公约章程。美国总统认为这是美国为一个无核世界作出的贡献,借机挽回面子,同时公开表明美国在叙利亚问题上拥有不同于俄罗斯的"价值观"。

与此同时,俄罗斯媒体突出了俄方将继续主动出击的意图。一方面,普京表明,只有在美方及其同盟承诺放弃武力威胁的前提下,叙利亚交接化学武器的工作才能顺利进行。俄罗斯国家杜马外事委员会主席同时表态,一旦美国继续军事干预叙利亚,俄罗斯将重新考虑其与阿富汗、伊朗的战略合作。另一方面,俄方继续提供有力证据证实自己的"挑衅说"。奥巴马借机下台阶,但为了挽回面子,仍警告一旦外交努力失败,美国仍会进行军事打击。美国国务卿克里着急,依旧抓住"有限的"军事打击不放,而俄罗斯外长拉夫罗夫回应称"机会不容错失"。叙利亚政府直言协议的签署是叙利亚的胜利,同时感谢俄方支持,而俄方认为自己有效维护了国际法。

3. 美俄媒体就叙利亚"化武事件"展开的对话

根据美俄媒体在以上三个关键节点的媒体框架可以看出,自叙利亚"化武事件"爆发,美俄两国政府就"叙利亚境内是否发生核

第四章 对话式媒体外交

武事件？若发生，出自谁手？""美国总统奥巴马一年前设定的'红线'究竟是谁的红线，美国的还是国际社会的？""美国对叙利亚动武的'正当性'"这三个议题通过各自媒体展开了对话。由以上媒体框架可以看出，G20 峰会是美俄双方就叙利亚"化武事件"进行话语博弈的关键时刻，因此以下分析将以 G20 峰会为分界点，从媒体报道和信源两个角度分析 G20 峰会前、G20 峰会期间和 G20 峰会后美俄媒体对这三个议题的呈现，从而探讨美俄两国如何就叙利亚"化武事件"展开对话。

■ 对话一："叙利亚境内是否发生核武事件？若发生，出自谁手？"

美方没有积极提供证据证明该议题，美国媒体报道量少，援引信源单一；俄方直接抛出"挑衅说"，俄罗斯媒体以官方"挑衅说"为逻辑轴，援引多重信源予以证明。

美国媒体对"叙利亚境内是否发生了核武袭击"这个议题只进行了少量的报道，主要原因在于美国媒体报道一开始就认定叙利亚境内已经发生该事件，而且该事件为叙利亚阿萨德政权所为。相反，俄罗斯媒体围绕该议题，援引证据证明观点。比如，8 月 21 日，今日俄罗斯频道援引路透社的报道"华盛顿称没有独立证据证明在叙利亚境内使用了化学武器"，同时直接援引俄罗斯外交部的消息来源，称"一枚携带不明化学物质的自制火箭弹发射自反对派控制的区域"。就在同一天，俄罗斯外交部发言人对此事件进行了初步定性，即"有偏见的地区媒体（biased regional media）进行的一场颇具攻击性的信息战"。纵观俄罗斯媒体对叙利亚"化武事件"

媒体外交：理论与实践

的整个报道过程，外交部发言人、总统发言人和俄罗斯总统普京本人先后对此事件进行定性。普京在G20峰会上称此事件为"一场为了引发外国势力对叙利亚袭击的由反对派策划的'挑衅行为'"。可以说，"挑衅说"是俄方与美方就叙利亚"化武事件"进行媒体对话的逻辑中心。

鉴于美方和美国媒体对两个假设前提的默认，美国媒体在报道这个议题时只援引了有利于己方的信息来源，比如"美国总统奥巴马""反对派""一位名叫Razan Zaitouneh的反对派积极分子"。相对应的是，俄罗斯媒体在围绕"挑衅说"组织报道时，援引了多方信息来源，比如俄罗斯官方有"俄罗斯外交部消息来源""俄罗斯外交部发言人Alexander Lukashevich""俄罗斯总统普京""克里姆林宫""俄罗斯驻黎巴嫩大使Aleksandr Zasypkin""俄罗斯外长拉夫罗夫"等；叙利亚政府官员有"叙利亚信息部长Al－Zoubi"；美国官方有"美国国务院发言人Jen Psaki""美国总统奥巴马"；还有其他国际主流媒体和国际会议参与者，包括"路透社""日内瓦联合国人权会议上的演讲者"等。相较于美国媒体的"自说自话"，俄罗斯媒体通过多重信源印证"挑衅说"，使其富有逻辑和说服力。

■ 对话二："美国总统奥巴马一年前设定的'红线'究竟是谁的红线，美国的还是国际社会的？"

美方对"红线说"解释不清，美国媒体引用"红线说"时底气不足，也很少提及；俄罗斯媒体直指美方"红线说"前后矛盾，暗示美方缺乏公信力，无出师之名。

"红线说"是美国官方在叙利亚"化武事件"发生后对叙利亚动

武的一个出师之名。根据美国《华盛顿邮报》"事实核实栏(The Fact Checker)"对"红线说"的核实,总统奥巴马在 2012 年 8 月的一份声明中首次提到了"红线":"……我们所认定的红线是我们看到(阿萨德政权)开始转移或使用大量化学武器。一旦发生我会重新考虑。我会重新权衡。"这原本可以成为美国对叙利亚动武的有力的出师之名,因为美方自叙利亚"化武事件"爆发以来坚信该事件的确发生,而且为阿萨德政权所为。但是,美方对"红线说"究竟是"谁的红线"一直解释不清,这势必导致美国媒体在对"红线说"进行报道时底气不足。8 月 21 日,《外交政策》称这是"国际社会设定的红线"。8 月 23 日,今日俄罗斯频道直言美方的"红线说"前后矛盾,矛头直指一年前提出"红线说"的奥巴马,认为奥巴马将当时"他所划定的红线"变成了"国际社会所划定的红线",为了获得叙利亚动武的正当性而偷换了概念。9 月 4 日,今日俄罗斯频道直接引用奥巴马对自己去年提出的"红线说"的重新诠释,即奥巴马否定是"他自己设定了红线",而是世界人民设定了这条"红线"。该频道最后还引用奥巴马的公信力之说。言下之意,奥巴马不仅不承认自己说过的话,还公然狡辩,的确没有公信力。9 月 5 日,《外交事务》直言,奥巴马在没有全盘考虑假如跨过"红线"是否动武以及如何动武的情况下提出"红线说",这令他自己陷入困境,丧失了出师之名。

■ 对话三:"美国对叙利亚动武的'正当性'"

美方欲借国际社会和联合国之名强调动武的正当性,美国媒体暗示美方寻求联合国解决途径遭俄罗斯和中国阻碍;俄方适时抛出自己的正当性,即国际法和联合国,俄罗斯媒体直指美方动武的根本目的是美国国家利益而非国际社会利益,并证明俄方正当性获得了国际社会的认可。

美方在叙利亚"化武事件"爆发后抛出的"红线说"被俄方媒体攻破,因此美方为寻求对叙利亚动武的正当性只能另辟蹊径。事实上,美国媒体在事件发生后就立即援引了联合国安理会外交官员的话,称奥巴马要求加强叙利亚武器核查小组权力的努力因俄罗斯和中国的反对而失败了。比如,8月21日,《外交政策》写道:"只要俄罗斯和中国弱化安理会声明,叙利亚就不可能合作。"与此同时,美国媒体强调之前反对干涉叙利亚的美国国会鸽派在事件发生后开始松口。言下之意,叙利亚"化武事件"发生后,奥巴马政府获得之前反对干涉叙利亚问题的鸽派人士的支持指日可待;而且,奥巴马政府试图通过联合国来解决叙利亚核问题,但是,联合国安理会另外两个常任理事国——俄罗斯和中国总是在唱反调。对此,俄罗斯媒体给予了积极回应。比如,8月21日,今日俄罗斯频道援引美军参谋长联席会议主席马丁·邓普西在一封信中所说的话,直指"美国是否能从对叙利亚动武中获得利益才是其根本目的"。8月23日,该频道又直接援引奥巴马的讲话,证明美国希望获得联合国授权对叙利亚动武的最终目的是为了"美国的长期国家利益"。换句话说,即便美方试图通过联合国授权来获得叙利亚动武的正当性,其真正目的还是美国在该地区的长远利益,而非其一直强调的"国际社会"与"世界人民"的利益。

G20峰会期间,原本希望在峰会上对叙利亚动武达成共识的奥巴马铩羽而归。9月7日,《纽约时报》称奥巴马的优柔寡断和怕担责任是最终没能在G20峰会上胜过普京的关键因素。

第四章 对话式媒体外交

相反,继俄罗斯媒体在 G20 峰会前驳斥美方和美国媒体所标榜的美方试图通过联合国解决叙利亚问题后,9 月 4 日,今日俄罗斯频道援引华盛顿邮报－美国广播公司的民调结果:"只有 36% 的参与调查的美国人表示支持美国的军事行动。"同一天,该频道还援引普京批评美国国务卿约翰·克里的话,认为他在周三对人权积极分子讲话时"撒了谎",否认叙利亚军事斗争有基地武装分子参与,称对阿萨德总统进行军事打击不会助长该地区恐怖分子的士气。在进一步驳斥美方对叙利亚动武正当性的同时,普京在 G20 峰会前夕抛出了俄方在推动解决叙利亚问题上的"正当性",即遵循国际法。G20 峰会期间,普京积极推动叙利亚问题成为原本是经济论坛的 G20 峰会的主要议题之一,并获联合国秘书长首肯,即获正当性。G20 峰会后,俄罗斯媒体援引"利比亚外长""美国前总统卡特""美国参议员军事委员会主席 Carl Levin""日本前外相"等外国政要对俄罗斯所提议案的欢迎和支持。9 月 15 日,塔斯社在消息中称:"俄罗斯和美国就叙利亚问题达成共识,国际法依然有效。"至此,俄方在驳斥美方对叙利亚动武正当性的前提下,标榜了自己在叙利亚问题上所坚持的正当性。

从以上分析可以看出,美国政府和俄罗斯政府就关乎各自利益的叙利亚"化武事件",通过各自的传统媒体平台进行了对话,乃至辩论。在这个案例中,媒体主要发挥了"传播渠道"的作用。从美俄媒体的实际表现来看,俄罗斯媒体更胜一筹,以俄罗斯官方抛出的"挑衅说"为逻辑轴,不断援引多重信源,一方面证明"化武事件"为叙利亚反对派所为,而非美方所认为的由叙利亚政府所为;另一方面层层递进,驳斥美国政府通过美国媒体所传递的信息与观点,比如"红线说"。

事实上,美俄两国媒体所呈现的媒体框架是美俄两国政府对此事件态度的媒介化呈现。诚如美国新闻史学者米切尔·斯蒂芬斯(Mitchell Stephens)所言"政府就是表演,新闻是表演的舞台"①,官方的态度直接影响了媒体的报道逻辑。美国政府在诸多议题上的闪烁其词、前后矛盾直接导致了它在与俄方的对话式媒体外交中处于劣势。

二、基于新兴媒体平台的对话式媒体外交

相较于传统媒体,基于互联网技术的新兴媒体的最大特点是"连接"。学者彭兰认为,在万维网(WWW)出现之前,机器连接构成了终端的连接;在万维网出现之后,即 Web 1.0 时代,实现了内容连接,网络媒体随之出现;在 Web 2.0 时代,互联网的重心从内容向"人"迁移,体现的是人的连接与分享,社交媒体兴盛。② 借助新兴媒体所提供的与所有人连接的可能性,媒体机构纷纷将新兴媒体平台纳入自身的传播体系中。在新兴媒体平台上,媒体机构逐渐以传播主体的身份与公众展开对话式媒体外交实践。

(一)BBC 世界新闻频道的《让世界听到你的声音》

2005 年 10 月,BBC 世界广播服务(BBC World Service)开播了

---

① 〔美〕米切尔·斯蒂芬斯:《新闻的历史》(第三版),陈继静译,北京大学出版社 2014 年版,第 40 页。
② 彭兰:《"连接"的演进——互联网进化的基本逻辑》,《国际新闻界》2013 年 12 期,第 6—19 页。

一档名为《让世界听到你的声音》的广播节目(见图4－5),该节目的宗旨是"让你成为BBC新闻节目的议程设置者(the BBC News programme where you set the agenda)"。在节目开始前,全世界听众可以以电话、短信、邮件、博客留言和在社交网站脸谱上留言等方式提出自己的问题,节目组会从中挑选若干个问题作为当天节目的主题。

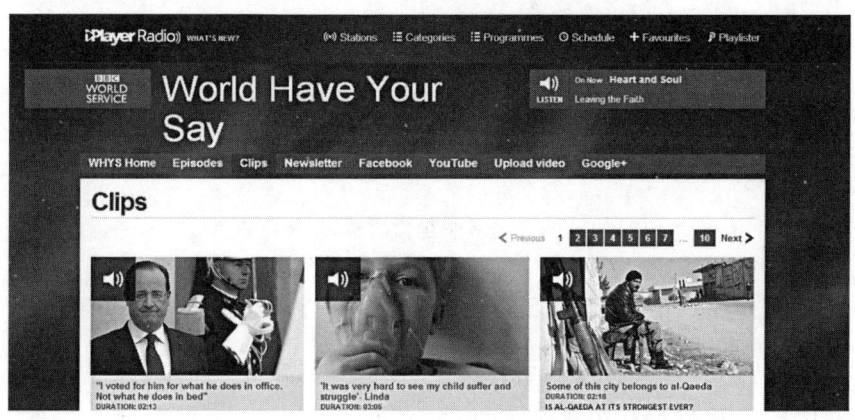

图4－5　《让世界听到你的声音》节目网页截图

2011年2月,BBC世界新闻频道推出了每周播出的同名演播室新闻讨论节目,以同样的方式,邀请观众设置节目议程。节目组通过社交媒体平台,比如脸谱(Facebook)、推特(Twitter)、优兔(YouTube)和Google＋,邀请受众设置节目的议题。在节目播出过程中,主持人还会将社交媒体平台上公众的最新反馈意见纳入演播室讨论。

与此同时,BBC世界新闻频道还在视频分享网站优兔上开设了《让世界听到你的声音》的主页(见图4－6),利用优兔平台强大的视频上传与分享功能,提高节目的传输力。

媒体外交：理论与实践

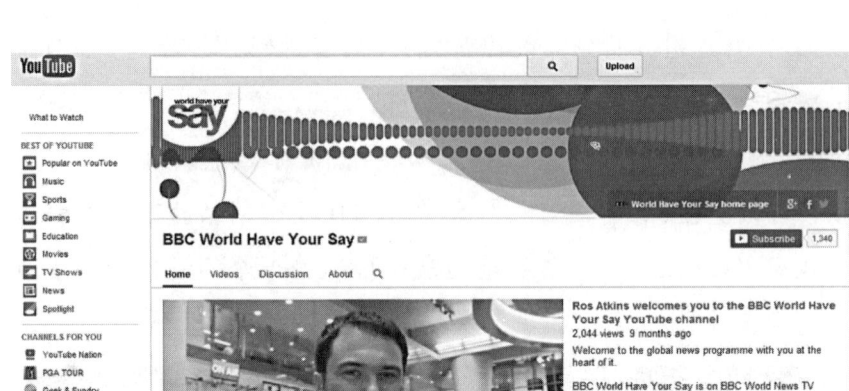

图4—6 《让世界听到你的声音》优兔首页

值得注意的是，BBC 官网（www.bbc.com）又将有关《让世界听到你的声音》的所有资源有效地整合到了一起（见图4—7），不仅开辟了广播节目和电视节目的主页，将音频和视频元素融入主页，还通过链接方式将脸谱和推特等社交媒体平台上的实时更新信息融合了进来。由此可以看出，老牌国际媒体机构 BBC 通过新兴媒体平台，让受众成为议程设置者，增强了与受众之间的互动。从这个个案可以看出，《让世界听到你的声音》之所以能吸引受众，最主要的原因在于 BBC 所具有的名气；受众认为 BBC 本身就是一个值得信赖、可以倾诉心事的对象，所以愿意让自己的声音通过 BBC 传递出去。

第四章 对话式媒体外交

图 4—7 《让世界听到你的声音》电视节目网页截图

(二)CNN 国际频道的《我报道》

CNN 国际频道的《我报道》节目(见图 4—8)创立于 2006 年 8月。该节目的初衷是发挥公众的主动性,让目睹新闻事件发生过程的目击者自己拍摄视频,然后发给 CNN,再经由 CNN 传播给全世界观众。该节目的操作方式是:节目编辑通常时刻关注是否有新的视频上传,一旦发现有吸引人的视频资源,马上就会提醒电视节目制作人和 CNN 网站主页的编辑。当然,公众上传的视频必须按照"社区标准(community guideline)"进行核实,加上《我报道》验证标识"i"后分享至《我报道》网络平台;对于一些刚上传尚未核实

— 153 —

的视频资源,会配有"NOT VETTED(未核实)"的标识出现在网络平台。

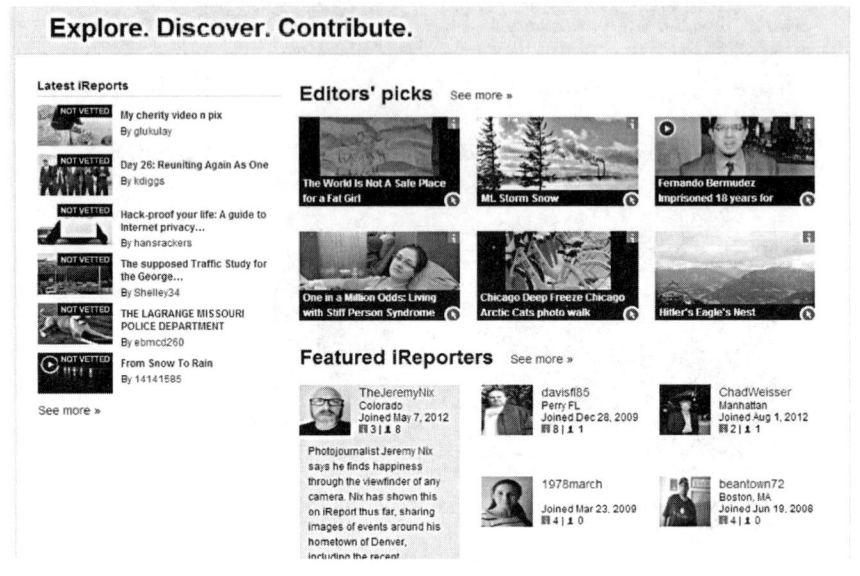

图 4—8 《我报道》节目网站首页

《我报道》节目真正引起大量受众的注意并形成影响力是在 2011 年的"3·11"日本大地震期间。"3·11"大地震发生后,在日本教英语的名叫瑞恩·麦克唐纳(Ryan McDonald)的美国教师拿着摄像机走到室外拍摄了一段视频,并将视频上传到了《我报道》节目。① 由于大地震发生后,交通线路瘫痪,记者无法在第一时间抵达现场,因此这一来自大地震发生地的视频一经上传就引起了轰动。后来,视频上传者麦克唐纳还在家里借助 Skype 和带麦克的电脑接受了 CNN 的现场采访。

---

① Kovach B. & Rosenstiel T., *Blur: How to Know What's True in the Age of Information Overload*, New York: Bloomsbury USA, 2011, p. 207.

与BBC世界新闻频道的《让世界听到你的声音》类似,CNN国际频道的《我报道》也积极利用脸谱、推特和Flickr等新兴媒体平台,增强与受众之间的互动,在对话与互动中传递信息。

(三)半岛电视台和今日俄罗斯频道在美国市场从新兴媒体平台突围

2013年8月20日,旨在与美国本土电视机构竞争的半岛电视台美国频道(Al Jazeera America)开播。开播前半个月,半岛电视台美国频道开始利用社交网站Google+,邀请潜在观众在美国东部时间2013年8月5日下午5点观看该频道的黄金时间王牌节目《今晚美国》(America Tonight)的预演,并利用Google+视频群聊(hangout)功能实时发表对节目的看法。半岛电视台在新兴媒体平台上推介新频道、新节目,在与公众的对话与互动中,提升知名度、推广品牌。

回顾半岛电视台进入美国市场的历程可以发现,从新兴媒体平台突围是其另辟蹊径的法则。笔者曾在2013年7月,就中国主流媒体国际传播力建设等问题电话采访了美国知名新闻人罗礼贤(Jim Laurie)。罗礼贤认为,美国市场向来拥挤,很多国际媒体机构都争相进入,但是所有进入美国市场的国外媒体机构都要经历一个艰难的过程。为了说明这一过程的艰难,罗礼贤列举了目前在美国市场已获得一定市场份额的半岛电视台作为例子。他说,半岛电视台进入美国市场时遇到了种种阻碍,后来逐渐转换思路,采用了经由新兴媒体平台逐渐渗透的方法。2005年,半岛电视台就已经意识到必须在新兴媒体平台大展拳脚,于是开始在美国主要社交网站——优兔、推特和脸谱上开设网页。2006年,半岛电视台建立了近100人的社交媒体团队,分布于卡塔尔多哈、英国伦敦、马来西亚吉隆坡和美国华盛顿等地。相类似的是,当今日俄罗斯频道进军美国电视市场时,也是从新兴媒体平台突围,仅2008年和2009年两年,今日俄罗斯频道就在莫斯科和华盛顿等地建立了4个数字团队。

为了对半岛电视台美国频道和今日俄罗斯频道通过新兴媒体平台突围有一个直观的印象,笔者搜集并整理了这两个国际频道在美国主要网站上的相关数据。

表4—4 半岛电视台美国频道和今日俄罗斯频道在美国主要社交网站上的表现

媒体	YouTube (订阅数/浏览量)	Twitter (粉丝/推文)	Facebook (喜欢量)
半岛电视台英语频道	2,133,036/1,054,824,205	2,410,000/138,000	5,300,000
今日俄罗斯频道	1,515,717/1,418,467,981	918,000/121,000	2,600,000

(数据搜集于2015年5月18日)

在采访时,罗礼贤也提到,半岛电视台美国频道和今日俄罗斯频道的另辟蹊径法则值得正在"走出去"的中国媒体借鉴。对于想要进入美国市场的中国媒体来说,所面临的竞争更为激烈。因为目前美国市场不仅拥有具有60多年新闻经验的美国本土媒体机构,还有半岛电视台、今日俄罗斯频道、法国24电视台(France 24)和NHK世界新闻频道(NHK World)等新兴国际媒体机构。

为了横向比较中国媒体与其他新兴国际媒体机构在美国主要

社交网站上的表现,笔者也搜集和整理了中国 6 家主流媒体在这些社交媒体网站上的相关数据。

表 4—5　中国 6 家主流媒体在美国主要社交网站上的表现

媒体	YouTube (订阅数/浏览量)	Twitter (粉丝/推文)	Facebook (喜欢量)
《人民日报》	N/A	4,085/11,000	3,900,000
新华社	N/A	1,540,000/24,200	N/A
中央电视台北美分台	8,515/3,425,218	24,200/16,900	217,000
国际台	N/A	N/A	1,681
《中国日报》(美国版)	681/400,874	315,000/27,200	1,400,000
中新社	N/A	N/A	N/A

(数据搜集于 2015 年 5 月 18 日)

对比表 4—4 和表 4—5 可以看出,半岛电视台美国频道和今日俄罗斯频道已经全面覆盖美国主要社交网站,而且颇具规模。从绝对数量上来看,中国 6 家主流媒体目前在美国主要社交网站上的表现与这两个国际频道相比还有很大的差距;当然,这需要排除半岛电视台美国频道和今日俄罗斯频道在这些社交网站上开设网页的时间早于中国媒体这一重要因素。值得注意的是,在中国 6 家主流媒体中,《中国日报》(美国版)和中央电视台北美分台在美国主要社交网站上的表现最为活跃。

相较于传统媒体平台,新兴媒体平台提供了与所有人连接、形成关系网络的可能性,这一点对于既面临西方强势媒体的压力,又遭遇其他新兴国际媒体力量抗衡的中国媒体来说尤为值得思考与深入研究。

媒体外交：理论与实践

第三节　首脑对话式媒体外交

在上一章中，笔者通过分析十八大以来习近平主席的独白式媒体外交范例，探讨了首脑的独白式媒体外交。本节将继续以 2013 年美国政府和俄罗斯政府就叙利亚"化武事件"展开的对话式媒体外交为例，探讨美国总统奥巴马和俄罗斯总统普京在 2013 年 9 月 10 日和 11 日就该事件展开的对话式媒体外交，即首脑的对话式媒体外交。

一、美俄总统就叙利亚"化武事件"展开对话式媒体外交的背景

2013 年 9 月 10 日，美国总统奥巴马在白宫发表了关于叙利亚问题的全国讲话，"独白式"地阐述了美国在叙利亚"化武事件"中的观点与立场。① 翌日，俄罗斯总统在美国《纽约时报》网站发表署名文章《告美国人民书》(*A Plea for Caution from Russia*)②，以对美国公众直接说话的方式对前一日奥巴马总统的电视讲话予以回应。两位总统先后就叙利亚问题发表讲话和文章，是否纯属巧合？据《纽约时报》编辑事后透露，9 月 11 日当天，代表俄罗斯总统普京的凯旋公关公司(Ketchum Public Relations)主动联系了编辑部，并提供了一篇署名文章。就在同一天，普京发言人在一个采访活动中告诉《纽约时报》驻莫斯科分社社长斯蒂芬·李·迈尔斯(Ste-

---

① 《美国总统奥巴马 9 月 10 日关于叙利亚问题的全国电视演讲》翻译版见附录一。
② 《告美国人民书》翻译版见附录二。

ven Lee Myers),称他们正在写一篇署名文章。《纽约时报》编辑部在收到署名文章并审稿后,立即发布在了网站上。① 一国首脑通过另一国主流媒体发表文章,直接向对方公众和政治领袖讲话,实属罕见。而这一行为又发生在美俄两国领导人刚刚在G20峰会上因叙利亚问题不欢而散、俄方已明显获得政治和舆论优势的背景下,这可谓是俄罗斯总统普京本人继俄罗斯媒体在叙利亚"化武事件"报道中力压美方和美国媒体之后的乘胜追击。

在这个案例中,美国和俄罗斯两国总统分别通过本国或他国媒体,就关乎本国利益的国际问题展开独白式媒体外交,以权威发布形式表明本国立场;值得注意的是,两位首脑的独白式媒体外交又构成了两位首脑展开对话式媒体外交的基础。

二、美俄总统就叙利亚"化武事件"展开对话式媒体外交

笔者基于对美国总统奥巴马所发表的讲话和俄罗斯总统普京所发表的署名文章的内容解读,勾勒出两位总统进行对话式媒体外交的话语对抗框架。

奥巴马:
美方决定动武的根本原因
8月21日发生的阿萨德政权的化武袭击违反了国际法,对国际社会构成危险,关乎存亡

普京:
叙利亚境内的确使用了化学武器
充足理由证明不是叙利亚政府军所为,而是叙利亚反对派武装所为,因为他们希望以此煽动他们强大的外国主子介入其中

---

① http://publiceditor.blogs.nytimes.com/2013/09/12/the-story-behind-the-putin-op-ed-article-in-the-times/?_r=0.

奥巴马：
面对厌倦战争的民众的质疑
- 不会让美军士兵踏上叙利亚的土地
- 是一次具有明确目标的有针对性的打击
- 军事行动后会努力寻求政治解决，抵制暴政和极端主义

普京：
- 军事打击无论针对性有多准确，所使用的武器有多先进，平民伤亡在所难免
- 军事干预别国内部矛盾已经成了美国的惯用手法

奥巴马：
面对俄罗斯提出的解决方案
- 与密友——法国和英国一道与俄罗斯和中国磋商
- 继续争取欧洲、美洲、亚洲和中东盟友的支持
- 军队保持向阿萨德政权持续施压的姿态

普京：
- 两国之间缺乏有效沟通
- 美国已被视为在"要么支持我们，要么反对我们"的口号下集结盟友的国家

奥巴马：
最后呼吁
- 近70年来，美国始终是全球安全的依靠
- 领导者必须承担重任，世界才会变得更加美好
- 叙利亚问题攸关理想和原则、国家安全和世界领导地位
- 适度行动和冒点风险，这让美国与众不同、独一无二

普京：
- 不论出于何种目的，鼓励人民将自己视为例外非常危险
- 我们都是各不相同的，但当我们祈愿上帝保佑时，我们千万不能忘记人人生而平等

  从以上分析可以看出，奥巴马在白宫讲话中富有逻辑地阐述了"对叙利亚动武的根本原因"，回应了"厌倦战争的民众的质疑"，表示"愿意与俄方就叙利亚问题进行磋商"，并再次强调美国的全球领导地位和与众不同。但是，这一逻辑并没有得到美国媒体的

很好呈现,或者说美国媒体只是支离破碎地呈现了其中的某些观点,比如"与众不同"。

普京的署名文章对奥巴马前一日白宫讲话中的三个核心观点和一个呼吁给予了一对一的回应。值得注意的是,普京开篇就强调了维护《联合国宪章》和联合国安理会的重要性,与之前俄罗斯官方通过其媒体传递的核心信息保持了一致。

本章小结

本章主要讨论对话式媒体外交模式。对话式媒体外交主要是指国家政府及其代表、媒体机构等通过本国或外国媒体,尤其是基于新兴媒体平台,实现与外国公众的互动与对话。在对话式媒体外交中,媒体主要扮演"传播渠道"的角色,同时作为"行为主体"倡导对话式媒体外交实践。

本章主要研究了媒体倡导的对话式媒体外交、基于传统媒体平台和新兴媒体平台的对话式媒体外交,以及建立在首脑独白式媒体外交基础上的首脑对话式媒体外交;主要采用了个案研究法和比较研究法。值得一提的是,新兴媒体平台为旨在"走出去"的中国媒体和旨在"讲好中国故事,传播好中国声音"的对外传播工作提供了与国际公众对话与互动的机遇。半岛电视台和今日俄罗斯频道在美国市场凭借新兴媒体平台突围的范例值得中国媒体借鉴。

第五章　合作式媒体外交

2009年10月,新华社承办的题为"合作、应对、共赢、发展"的"世界媒体峰会"在北京举行,峰会吸引了近70个国家和地区的130多家境外媒体机构和40多家境内媒体负责人出席。该峰会由新华社与新闻集团、美联社、路透社、俄塔社、共同社、英国广播公司、时代华纳特纳广播集团和谷歌8家世界著名媒体机构共同发起,包含了通讯社、报刊、广播、电视、互联网等多种媒体形式,被誉为"全世界媒体的奥林匹克"。

2011年5月,在汶川地震三周年之际,中国国际广播电台邀请国外媒体进行名为"汶川地震三周年中外记者重返灾区"的联合采访报道活动,让曾经报道汶川地震的国外记者重返灾区,通过他们向海外发布中国政府如何在震后三年之内进行恢复重建。

合作式媒体外交主要是指媒体机构、国家政府及其代表与外国媒体、其他国际机构展开合作,进行联合采访报道、在国外主流媒体刊登报道或评论、共同组织国际性活动等。在合作式媒体外交中，媒体主要发挥"传播渠道"的作用，报道和呈现多元主体间的合作；更重要的是，媒体机构作为独立的"行为主体"与外国媒体、其他国际机构进行新闻业务合作，或就国际公众共同关心的议题举办国际性活动，通过设置媒体议程来影响国际公众，从而影响外交决策。

第一节 媒体对行为主体之间合作的呈现

媒体作为"传播渠道"，报道国家政府、媒体机构和其他行为主体之间的合作是合作式媒体外交的一种表现形式。本节以中央电视台英语新闻频道(CCTV NEWS)对2013年南非德班"金砖峰会"的报道为例，阐明作"传播渠道"的媒体是如何呈现行为主体之间的合作的。

一、"金砖峰会"的背景

2001年，高盛(Goldman Sachs)首席全球经济学家吉姆·奥尼尔(Jim O'Neill)在谈到"9·11"事件后世界经济格局时指出，全球化趋势更加明显，巴西、俄罗斯、印度和中国四个新兴经济体凭借其快速的经济增长，在后"9·11"时代扮演越来越重要的角色。他将这四个国家英文拼写的首字母组合起来，最先采用了BRIC（分别指代Brazil、Russia、India和China）这个说法。[①]

[①] CNN, "For Mr. BRIC, Nations Meeting a Milestone", http://money.cnn.com/2009/06/17/news/economy/goldman_sachs_jim_oneill_interview.fortune/index.htm, Retrieved on July 1, 2013.

2008年，肇始于美国次贷危机的全球性金融危机导致质疑当前世界金融经济体系的声音四起，并在客观上促使金砖四国在2009年举行了第一次"金砖峰会（BRIC Summit）"。此次峰会表明，发展中国家想通过建立和加深彼此之间的联系来避免世界经济衰退对自身发展的影响，保持经济的健康发展。更为重要的是，2009年"金砖峰会"的举行标志着发展中国家作为一个团体想要寻求一种新的合作发展模式，在世界舞台上体现其独特的政治身份，实现其任务和目标。2010年，在中国政府的邀请和倡议下，南非正式加入金砖组织，由此，金砖四国变成了金砖五国（BRICS）。

自2009年开始，"金砖峰会"先后在俄罗斯叶卡捷琳娜、巴西巴西利亚、中国三亚和印度新德里举行。2013年3月26—27日，第五次"金砖峰会"在南非德班举行，这也是南非正式成为金砖组织成员国后主办的第一次峰会。

二、CCTV NEWS对2013年南非德班"金砖峰会"的报道

本节以CCTV NEWS对2013年南非德班"金砖峰会"（以下简称"德班峰会"）的报道为研究对象。笔者在CCTV NEWS的官方网站输入关键词"BRICS 2013"，在2013年3月22—29日期间共获得43个新闻文本，采用媒体话语包裹的方法，在反复阅读这43个文本的基础上归纳出CCTV NEWS对"德班峰会"报道中所呈现的媒体框架。[①]

[①] 本个案研究不涉及视觉信息的分析。

表 5-1 CCTV NEWS 对 2013 年南非德班"金砖峰会"的报道

时间	节目样式		时长
3月25日	专题节目	BizAsia	32分
	演播室访谈	Dialogue	40分
			总计:72分
3月26日	新闻	CCTV NEWS	45分50秒
	专题节目	BizAsia	30分30秒
	演播室访谈	Dialogue	26分
			总计:102分20秒
3月27日	新闻	CCTV NEWS	130分05秒
	专题节目	BizAsia	28分40秒
	演播室访谈	Dialogue	40分
			总计:198分45秒
3月28日	新闻	CCTV NEWS	81分05秒
	专题节目	BizAsia	25分
			总计:106分05秒
3月29日	新闻	CCTV NEWS	8分20秒
			总计:8分20秒

三、CCTV NEWS 对 2013 年南非德班"金砖峰会"的媒体框架

基于对 43 个新闻文本的框架分析,笔者提炼出三个媒体话语包裹:

(一)习近平主席初登多边国际舞台,强调金砖国家间以及发展中国家间的紧密联系

在 CCTV NEWS 对"德班峰会"的报道中,"习主席初登多边舞

台,表达了与金砖国家和整个发展中世界建立紧密联系的愿望"成为反复报道的主题句,而这一主题又围绕习近平主席访问南非、参加"德班峰会"的一系列报道得以展开和升华。

比如,在3月26日的新闻报道中提到:"习主席已经抵达南非,开始对南非进行国事访问,旨在推进两国双边关系的发展。之后,他会出席由一群新兴经济体领导人共同参与的金砖峰会。"与此同时,新闻报道援引了习近平主席在机场发表的讲话:"加强中国和南非之间的关系不仅符合两国人民的利益,而且有利于促进发展中国家间的团结与合作,有利于世界和平与发展。"

3月27日,新闻报道反复引用了习近平主席在"德班峰会"开幕式上的讲话:"金砖国家间的合作将会使全球经济趋向平衡,增强全球经济治理,推进民主化和发展国际关系。"除了援引习主席在峰会开幕式上的讲话,CCTV NEWS还对其进行了评论:"习主席参加此次峰会巩固了中国与其他新兴经济体之间的平等伙伴关系。"

在3月28日的新闻报道中,CCTV NEWS继续对习近平主席出席此次峰会的意义进行了评论:"习近平主席为发展中国家和金砖国家的进一步发展提供了路线图;与此同时,五国首脑旨在携手推动全球经济增长,并认为建立金砖发展银行是借助金砖国家内部的动力来推动增长。""习主席在金砖峰会上发表的主旨讲话强调了全球伙伴关系,呼吁金砖成员国家相互合作,同时强调了中国的承诺,建立更加公正的国际秩序。"

从以上分析可以看出,"习近平主席初登多边国际舞台,强调金砖国家间以及发展中国家间的紧密联系"这一媒体话语包裹主要通过直接援引习近平主席在抵达南非进行国事访问和出席"德班峰会"发表主旨演讲时的讲话,以及 CCTV NEWS 作出的相关评论得以体现。"合作""发展""平等"是这一媒体话语包裹中的关键词,这三个关键词之间的逻辑关系又可以表述为:通过合作谋求发展,在合作中遵循平等互利关系。因此,"合作"是这一媒体话语包裹的核心词汇。CCTV NEWS 从中国新任国家主席在多边外交场合的讲话中提炼出寻求"合作"的中国形象。

(二)中国与南非和整个非洲大陆的合作至关重要,非洲大陆对中国寄予厚望

这一媒体话语包裹主要通过新闻报道、专家采访和评论,以及采访在华做生意的非洲商人体现出来。

在 3 月 26 日的新闻报道中,CCTV NEWS 播出了对南非外交部部长迈特·恩科阿纳－马沙巴内(Maite Nkoana－Mashabane)的独家采访。马沙巴内在采访中说道:"中国新任国家主席能在这个时候访问南非,我们非常兴奋。从 2011 年到 2012 年,中国和南非的双边贸易投资增长了 40%。40% 的增长率是史无前例的,因此我们认为两国之间的发展正处于正确的轨道上。"CCTV NEWS 还援引了南非总统祖玛在新闻发布会上对习近平主席访问南非的评价:"习主席的此次国事访问非常重要。"

3 月 27 日,CCTV NEWS 从前一日播出的对南非外交部部长的采访中截取了一小段采访,他在采访中表示希望"中国与南非的关系可以互利互惠"。与此同时,该频道还援引了习近平主席对中国与南非关系的看法。习近平说:"中国与南非的关系具有战略性

意义,这一关系可以成为中国与其他非洲国家以及与其他发展中国家寻求发展的一种范式。"

3月27日,在某演播室访谈节目中,有专家称:"中国与非洲的合作将提升到一个更高的水平。"3月29日的访谈中,有专家提到,"未来中国与非洲将在更多领域深入合作,比如重工业和设备制造业。尤其是在基础设施领域,中国是南非和非洲可以学习的一个榜样"。

3月28日的新闻报道播出了一小段对在中国浙江义乌从事小商品买卖的非洲商人的采访。这位商人在采访中强调了非洲与中国在民间交流层面的良好关系,并认为"中国充满了机会"。

3月29日,CCTV NEWS继续援引中方对支援新兴经济体,特别是非洲大陆发展的表态:"中方称,将继续对一些新兴经济体提供金融支持,一个重要的动力就是中国国家开发银行,它将扩大对非洲的金融援助。"

"中国与南非和整个非洲大陆的合作至关重要,非洲大陆对中国寄予厚望"这一媒体话语包裹通过新闻报道、专家评论和普通公众评论得以呈现。其中,CCTV NEWS通过援引国家主席习近平的讲话,一方面强调中国与南非、非洲,乃至所有发展中国家是一种平等合作的关系;另一方面又提出,中国与南非间的合作模式可以为中国与其他发展中国家寻求发展提供借鉴。与此同时,通过播出对南非外交部部长的采访、援引南非总统祖玛的评价和其他专家对中国与南非和非洲关系的评价,体现了中国对南非和非洲的支持与帮助。在上至国家元首、政府官员,下至普通来华商人眼中,中国是一个可以给整个非洲带来利益的充满机遇的国度。

第五章 合作式媒体外交

(三)寻求国际合作和对当前世界金融体系进行有益补充的中国政府

建立金砖发展银行(BRICS Development Bank)和应急储备基金(Contingency Reserve Fund)是2013年"德班峰会"的两大主要议题,CCTV NEWS也就这两大议题进行了报道。除了少量介绍这两个机构背景的事实性报道,该频道对这两个机构成立的意义进行了讨论,主要通过演播室访谈和采访实现。

在3月25日的演播室访谈中,前中国政府非洲事务特别代表刘桂金大使指出:"金砖国家并不是为了抵抗第三方而设立的,它旨在寻求合作而不是对抗;中国将金砖国家视为为金砖国家发声、令现有的政治和经济秩序能更加符合发展中国家利益的重要平台,可以说,金砖国家是一个南南合作的平台。"

在3月26日的演播室采访中,北京大学教授傅军认为:"面对全球经济增长放缓,金砖成员国需要利用内部资源寻求增长,他们看到了金砖成员国国内基础设施(公共商品性质)这一块的空间,而商业银行并不是获取投资的最佳途径,因此需要成立自己的机构,即金砖发展银行。在这个过程中,世界银行仍将发挥补充作用,金砖国家将成立自己的发展银行。"同时参与讨论的经济学人信息部主管(Economist Intelligence Unit China Director)许思涛指出:"从目前来看,金砖发展银行更具象征意义。从世界银行和国际货币基金组织的发展史可以看出,这两个机构曾发挥了重要作用,但在亚洲金融危机和欧债危机期间出台的一些政策的确存在争议。我认为新兴市场的确亟须形成一套新的机制,但从现阶段

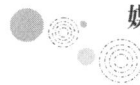

看更具象征意义。"

3月27日,CCTV NEWS播出了对中国新任财政部部长楼继伟的简短采访。楼继伟部长对成立金砖发展银行进行了评论,称"金砖发展银行将与现有金融机构,比如世界银行形成互补"。就在同一天的新闻报道中,该频道播出了世界银行(World Bank)在其网站上公布的对金砖国家成立金砖发展银行的一些评论:"我们对金砖发展银行的成立表示欢迎……这是一项重要的事业……我们愿意与其在发展中国家消除贫困和实现繁荣紧密合作。"

在3月28日的新闻报道中,CCTV NEWS再次援引了新任财政部部长楼继伟对成立金砖发展银行的评论,强调它将成为现有世界金融体系的一种有益补充。

从以上分析可以看出,尽管在"德班峰会"期间,对于金砖国家成立金砖发展银行和应急储备基金存在多种声音,有些金砖国家和发展中国家甚至将这两个机构的成立视为发展中国家挑战现有世界金融体系进而挑战现有世界经济格局的表现。但是,CCTV NEWS通过演播室访谈和采访,援引不同观点,最后突出了中国官方的声音,即金砖发展银行和应急储备基金是现有世界金融体系的有益补充,呈现出中国谋求国际合作、致力于世界和平与发展的大国形象。

从以上三个媒体话语包裹可以看出,CCTV NEWS在对2013年"德班峰会"的报道中呈现出"作为合作者的中国"形象。首先,新任国家主席习近平第一次出现在多边外交舞台就强调了中国在这个舞台上的位置,即与南非、金砖国家以及所有发展中国家紧密相连的合作者；其次，作为"德班峰会"主办方的南非政府表达了继续加强与中国合作的愿望，中方强调这一合作是平等互利的；最后，当有些金砖国家和发展中国家以及有些西方媒体将计划成立的金砖发展银行和应急储备基金视为挑战现有的世界金融体系时，中国新任财政部部长楼继伟给予"定音"：金砖发展银行和应急储备基金是现有世界金融体系的有益补充。

可以说，CCTV NEWS通过此次报道向世人呈现了中国实干、低调和具有合作精神的发展中大国形象。值得注意的是，"与整个发展中世界谋求平等互利的合作者"媒体框架主要通过援引新任国家主席习近平在多个场合的讲话得以呈现，而当有些金砖国家和发展中国家将计划成立的两大金融机构视为对现有世界金融秩序构成挑战时，该频道以多次播出对新任财政部部长简短采访的形式，将其重新纳入"合作者"的框架。可见，官方话语成了建构媒体框架的基础。

第二节　媒体机构业务层面的合作

在新闻业务方面，媒体适时配合外交与热点议题，为国际公众设置媒体议程以出版专刊或插页、组织联合采访报道等方式，实现合作式媒体外交。

一、《中国日报》通过与国际同行展开业务合作，实现合作式媒体外交

《中国日报》创刊于1981年6月1日，是新中国第一份全国性

英文报纸。自创办之日起,《中国日报》就一直秉持"让世界了解中国,让中国走向世界"的宗旨,是中国媒体中向世界传递中国官方声音的主力军,也是中国的媒体外交先行者。截至目前,《中国日报》已经初步建立起了由"两大报系,12 种出版物,3 个语种,9 个网站,3 大手机传播平台"组成的传播体系。①

(一)与当地机构合作,遍及全球的本土化报纸和采编网络

1997 年,《中国日报》(香港版)创刊,目标读者设定为港、澳、台和一些东南亚国家的政府官员、企业高管、学者等高端人士。

2009 年,《中国日报》(美国版)创刊,目标读者为美国政府和议会官员、高端智库和重点大学的学者与学生、企业高管和在美国的各国际组织。在美国波士顿、洛杉矶、旧金山、芝加哥等地,《中国日报》与当地经营街边报箱的公司以报纸收入分成方式合作。② 以美国第二大城市洛杉矶为例,《中国日报》在洛杉矶市中心共设立了 40 个自动售报箱,出售《中国日报》(美国版),如图 5－1 所示。此外,在洛杉矶地区的很多大学图书馆阅览室也能看到该报版,如图 5－2 所示。

2010 年,《中国日报》(欧洲版)和《中国日报》(亚洲版)先后创刊。欧洲版将目标读者锁定为英国、德国、法国、比利时和西班牙等 30 多个欧洲国家的政府、议会、外交机构、高端智库、跨国企业和社会名流;亚洲版将目标读者设定为日本、韩国、新加坡、马来西亚

---

① 周燕群:《把握趋势 提高技巧 奋力拓展——访〈中国日报〉副总编辑曲莹璞》,《中国记者》2010 年第 8 期,第 22 页。
② 来源于 2014 年 10 月 31 日《中国日报》美洲区总裁兼总编辑里戈在中国人民大学新闻学院的演讲。

第五章 合作式媒体外交

图5—1 《中国日报》(美国版)在美国洛杉矶市中心南加州大学附近的自动售报箱

图5—2 摆放于美国南加州大学VKC图书馆阅览室的《中国日报》(美国版)

和澳大利亚等亚太国家的决策者和各阶层精英。

2012年,《中国日报》(非洲版)创刊,投向非洲肯尼亚、南非、坦桑尼亚和加纳等重要非洲国家,目标读者为这些国家的政府、商界、智库和大学,以及在非洲的国际组织、跨国公司和外交人员。[①]

除了本土化报纸,《中国日报》还在美国、英国、法国、德国、日本、印度、澳大利亚、新加坡、土耳其、肯尼亚、南非等国家和地区开设了40多个办事机构,其中包括分社、记者站、办事处和印点,[②]形成了遍及世界的采编网络。

(二)与国际主流媒体合作拓展传输渠道,扩大传播范围

自创立之日起,《中国日报》就凭借其国家级重点媒体的身份和语言优势,积极展开与国际主流媒体的合作与交流,目前已与路透社、美联社和法新社等国际主要通讯社,《纽约时报》《华盛顿邮报》《华尔街日报》《金融时报》《卫报》《费加罗报》《国际先驱论坛报》等世界主流报纸,以及英国广播公司和美国全国广播公司等国际知名媒体机构建立了合作关系。[③]《中国日报》旨在借助这些国际主流媒体机构现有的传输力和影响力扩大自身的传输范围,提高国际影响力。

此外,《中国日报》还加入了由中国、日本、韩国、新加坡、印度等20个亚洲国家和地区的23家主流媒体组成的"亚洲新闻联盟"(Asian News Network,ANN)。通过这个合作平台,《中国日报》一方面扩大了与亚洲各国主流媒体之间的合作,包括稿件互换、人员

---

① 中国日报网,http://www.chinadaily.com.cn/static_c/2011about.html,2014年2月15日访问。
②③ 中国日报网,http://www.chinadaily.com.cn/static_c/gyzgrbwz.html,2014年2月15日访问。

交流、共同举办活动等;另一方面有效拓展了传输渠道,将其影响力扩大至亚洲的 2000 万中、高端读者群。①

值得一提的是,《中国日报》在美国通过与国际主流大报《纽约时报》《华盛顿邮报》和《洛杉矶时报》合作,以夹页形式出版了《中国观察》(China Watch),利用这些大报的发行渠道,扩大传播范围。②

图 5—3　2011 年 8 月 26 日随当日《纽约时报》赠送的《中国观察》

---

① 中国日报网,http://www.chinadaily.com.cn/static_c/gyzgrbwz.html,2014 年 2 月 15 日访问。
② 2014 年 10 月 31 日,《中国日报》美洲区总裁兼总编辑里戈在中国人民大学新闻学院演讲时将《中国观察》直接称为《中国形象专刊》。

媒体外交：理论与实践

2012年9月28日，《中国日报》在同一天同时在美国《纽约时报》《华盛顿邮报》和《洛杉矶时报》刊登了两版题为《钓鱼岛属于中国》（Diaoyu Islands belong to China）的广告，通过讲述钓鱼岛的历史，阐释中国政府的立场，在涉及中国利益的国际争端议题上主动向美国公众和国际公众发声。据介绍，这一夹页当天在美国的总发行量超过200万份，影响非常大。时任中国驻联合国大使李保东对此表示赞赏。①

图5—4　《中国日报》在《纽约时报》刊登的《钓鱼岛属于中国》的广告

---

① 2014年10月31日，《中国日报》美洲区总裁兼总编辑里戈在中国人民大学新闻学院的演讲。

(三)积极利用互联网技术,扩大与国际同行之间的合作

《中国日报》一直是采用新媒体技术的先锋。1993年,由于受传输渠道的限制,"当日的《中国日报》在发行十天后航报才到欧洲,美国西部也要三四天后才能见到当日的《中国日报》"①,严重影响了新闻的时效性,也制约了《中国日报》的对外传播效果。为了改善国际传输条件,当时的社领导把目光投向了中国第一家电子报——《杭州日报》,并在1994年11月推出了《中国日报》电子报。"当时电子报的业务仅限于客户拨打电话到公司来调看三个月之内的《中国日报》电子报。"②尽管从现在来看这一模式仍显陈旧,但当时国内外读者要求调看电子报的热情充分证明了这一模式的效果,同时也意味着《中国日报》有不断引用新技术从而提高传输力的必要。

1995年12月,《中国日报》网络版开通,"在中国开全国性日报办网站之先河"。1996年9月,《中国日报》在美国设置镜像点,便于北美地区的读者浏览网络版报纸。③

进入21世纪,当新的无线移动通信技术出现时,《中国日报》又较早采用了这一新技术来拓展国际传播平台。2004年,《中国日报》成了国内最早提供手机彩信报的媒体,通过彩信提供英文日报服务。2005年,"中国日报网"开始了手机Wap网站运营,向全世界用户提供基于手机终端的网络新闻资讯服务。2008年2月26日,《中国日报》向国内读者发出了中国第一份中英文双语手机

---

①②③ 彭兰:《花环与荆棘——中国网络媒体的第一个十年》,中国人民大学博士学位论文2004年,第22—23页。

报——《中国日报》手机报。2009年8月,《中国日报》又与中国移动公司合作,在手机报中嵌入音频,成为中国首家在手机报中嵌入音频内容的无线媒体,率先带领中国无线新媒体跨入3G时代。2009年12月,《中国日报》通过中国联通沃门户手机终端推出了《中国日报》电子版,第一次将纸版的《中国日报》植入手机,便于读者随时随地阅读《中国日报》。2010年4月,《中国日报》又与中国电信携手推出两份大容量的双语音频手机报——"中国日报听报"和"北京电信双语听报",分别面向全国用户和北京地区用户传送。

2010年年初,《中国日报》手机报部门正式更名为无线事业部,在加强无线客户端产品研发制作的同时,明确了通过无线移动网络拓展国际传输平台、增强国际传输力的发展方向。2010年4月,"中国日报网"在国内推出了第一个iPad客户端,并在7月改版升级推出了《中国日报精选》(*China Daily Digest*)。2010年8月,基于iPhone/iPad客户终端的《中国日报电子报》(*China Daily iPaper*)在苹果商店(App Store)推出,至此,苹果产品用户可以在第一时间下载具有音频读报功能的印刷版《中国日报》。2011年5月,《中国日报》又基于iPad客户终端推出了电子文化杂志《感知中国》(*Touch China*),以定制内容的形式传播中国文化。

截至2011年6月底,《中国日报》的苹果客户端下载用户已达33万人,读者遍及60多个国家和地区,其中一半以上来自北美和欧洲地区。① 此外,《中国日报》还将传输平台延伸至安卓(Android)、黑莓(BlackBerry)和Windows 8等移动客户端,并进入亚

---

① 部分内容来自于《中国日报》提供的关于新兴媒体平台发展的内部资料。

马逊 Kindle、索尼 Reader 等主流电子阅读器平台。[①]《中国日报》借助多元终端,不断扩大传播范围,提升国际传输力。

二、中央电视台与国际同行展开合作,实现合作式媒体外交

(一)航寄电视片,与国外电视机构交换或互购电视节目

1959 年 4 月 21 日,北京电视台(中央电视台的前身)[②]将自己制作的 7 分钟电视新闻片——《第二届全国人大第一次会议专题报道》航寄给了前苏联和东欧一些国家,这是中央电视台"第一次向国外寄送自拍的电视片"[③]。航寄电视片被视为中央电视台与国外电视机构合作的开始。

自建台之日起,中央电视台就逐步建立起与外国电视台或电视机构的业务联系,并从 1959 年开始,独立承担对外电视节目的交换工作。但是,这种交换是免费的,不仅中央电视台需要支付节目制作费和航寄费,而且接收方可以在不损害原意的前提下自由选用节目,编译时也可以删减。在此后的 8 年间,中央电视台先后与"36 个国家的电视机构建立了交换或互购电视节目的关系,并向他们寄送了我国的电视片"[④]。

值得一提的是,1961 年 4 月第 26 届世界乒乓球锦标赛在北京

[①] 中国日报网,http://www.chinadaily.com.cn/static_c/gyzgrbwz.html,2014 年 2 月 15 日访问。
[②] 1978 年,北京电视台正式更名为中国中央电视台(CCTV)。
[③] 唐世鼎:《中央电视台的第一与变迁:1958—2003》,东方出版社 2003 年版,第 148 页。
[④] 赵化勇主编:《中央电视台发展史》(1958—1997),中国广播电视出版社 2008 年版,第 48—50 页。

举行,这是新中国举办的第一次世界性体育赛事。比赛开始后的第二天,中央电视台第一次以出售节目的形式向英国、前苏联和东欧一些国家的电视台航寄了关于锦标赛的电视新闻片。①

1966年"文化大革命"开始后,中央电视台与国外电视机构的合作一度停滞。1969年一年,中央电视台仅向16个国家寄送了86条电视新闻片和电视纪录片。② 经调整,寄送节目在"文化大革命"后期初步得到恢复。1975年,中央电视台向83个国家和地区的102个机构寄送了电视片,其中包括我国的驻外使馆。③ 1976年"文化大革命"结束后,中央电视台积极恢复交换或互购节目机制,并开始协助其他国家的电视台传送节目。比如,1978年5月,中央电视台协助罗马尼亚电视台传送了奇奥塞斯库总统访问中国、朝鲜、越南、老挝和柬埔寨的电视片。④

(二) 通过国际卫星向世界传送来自中国的电视新闻

1972年2月21日,美国总统尼克松访华。中央电视台通过国际卫星向世界传送了周恩来总理在机场迎接和宴请尼克松、毛泽东主席接见尼克松和中美联合发表《上海公报》等一系列活动,这是我国首次通过卫星向国外转发电视片。⑤

1976年1月8日,周恩来总理逝世,应美国全国广播公司香港分公司、日本广播协会、日本电视网和东京广播等机构的请求,又经邓小平副总理的批准,中央电视台通过卫星向国外传送了周恩来

---

① 唐世鼎:《中央电视台的第一与变迁:1958—2003》,东方出版社2003年版,第148页。
②③④ 赵化勇主编:《中央电视台发展史》(1958—1997),中国广播电视出版社2008年版,第80—83页。
⑤ 唐世鼎:《中央电视台的第一与变迁:1958—2003》,东方出版社2003年版,第192页。

总理遗体告别、吊唁和追悼会的电视片;日本、巴基斯坦、美国、英国和中国香港等14个国家和地区接收了这3条电视新闻。这是中央电视台首次通过卫星向世界传递中国国内重大新闻的电视片。9月9日,毛泽东主席逝世,中央电视台又在9月12日至20日期间,通过卫星向世界传送了关于悼念毛主席逝世的新闻报道。①

1976年10月23日和26日,中央电视台通过三大洋上的卫星向全世界播发了首都百万群众在天安门广场庆祝粉碎"四人帮"的两条电视新闻片,时长分别为15分钟和20分钟,同时配有英文解说。②1978年8月,中央电视台通过国际卫星传送了华国锋主席访问罗马尼亚、南斯拉夫和伊朗三国的新闻报道,这是中央电视台首次通过通讯卫星向国外传送党和国家领导人出访的电视新闻。③10月,当邓小平副总理访问日本时,中央电视台派了电视小组随行采访,通过卫星向外播发了专题新闻。④

1991年10月,中央电视台通过"亚洲一号"卫星将第一套节目发送到了港、澳、台地区和东南亚部分国家,由此开始了不断走出国门的进程。⑤1992年1月1日,中央电视台通过国际卫星把每天1小时的中英文对外节目传送到美国,再由美国芝加哥新世纪电视台将节目传送至整个北美地区,实现了通过国际卫星在固定时间向北美地区播出节目。⑥

---

①②④ 赵化勇主编:《中央电视台发展史(1958—1997)》,中国广播电视出版社2008年版,第81—83页。
③ 唐世鼎:《中央电视台的第一与变迁:1958—2003》,东方出版社2003年版,第195页。
⑤ 唐世鼎:《中央电视台的第一与变迁:1958—2003》,东方出版社2003年版,第190页。
⑥ 唐世鼎:《中央电视台的第一与变迁:1958—2003》,东方出版社2003年版,第149页。

（三）加入国际广电组织，不断扩大传播范围

1978年12月，党的十一届三中全会召开后，中央电视台进一步加快了与国外电视机构合作的步伐，通过与国际新闻交换机构的合作，让来自中国的新闻传向更多国家。比如，1984年4月1日，中央电视台正式加入"亚洲—太平洋广播联盟（Asia－Pacific Broadcasting Union，简称亚广联）"，与日本、澳大利亚、新西兰、中国香港和韩国5个同属A区的国家和地区开始了每周的定期新闻交换。此外，中央电视台还通过"欧广联"等国际新闻机构，将节目传送到了欧洲、北美、拉美和非洲。①

（四）加快海外落地平台建设，深化与当地媒体的合作

进入21世纪，中央电视台开始了海外落地平台的建设。2004年10月1日，中央电视台联合国内多家省级电视台和香港地区颇有影响力的电视机构共同组建了"中国电视长城平台（美国）"，在与美国第二大卫星电视公司——艾科斯塔公司（EchoSTAR）合作的基础上，登陆美国市场。该平台由13个电视台的19个电视频道组成。② 紧接着，2005年2月1日，"中国电视长城平台（亚洲）"开通；2006年8月28日，"中国电视长城平台（欧洲）"开通；2008年1月1日，"中国电视长城平台（拉美）"开通。③

---

① 赵化勇主编：《中央电视台发展史》（1958－1997），中国广播电视出版社2008年版，第239页。
② 孙宝国、高琼：《频道化快速发展时期的中国电视对外宣传》，《视听》2013年第10期，第75页。
③ 中国长城平台，http://www.gw-tv.cn/ptjs_index.asp。

第五章　合作式媒体外交

2010年5月12日,中央电视台成立了专门负责国际传播能力建设总体战略规划研究和制定工作的统筹协调部门——海外传播中心,从机制上保障了推进国际频道海外落地和推广的工作。[①] 截至目前,中央电视台的中、英、西、法、阿、俄6个国际频道已经在全世界171个国家和地区落地,拥有3.14亿海外用户。[②]

2012年1月11日,中央电视台的第一个分台——中央电视台非洲分台(CCTV-Africa)在非洲肯尼亚首都内罗毕成立;2012年2月6日,中央电视台北美分台(CCTV-America)在美国首都华盛顿正式开播,通过当地有线电视网和卫星电视渠道实现落地。两个海外分台的建立不仅标志着中央电视台以分台的形式实现海外落地,还意味着全球本土化战略的开启。所谓全球本土化战略,是指"产品制造、人力资源、品牌建设、营销手段等多方面的本土化"[③],在准确了解目标受众需求的基础上提供相应的新闻和服务,在加深与当地媒体合作的基础上,提高中央电视台的影响力和竞争力。

三、主流媒体配合外交与热点议题,邀请国外媒体和记者联合采访报道

2006年至2007年,中国和俄罗斯相继举办了"俄罗斯年"和"中国年"。为了配合国家层面的"中俄国家年"活动,中俄两国媒

[①] 中国网络电视台,http://news.cntv.cn/special/zwmtjlh/20111018/110642.shtml,2014年2月15日访问。

[②] 中央电视台,http://cctvenchiridion.cctv.com/ysjs/index.shtml,2014年2月15日访问。

[③] 范昀:《从"走出去"到"走进去":CCTV-NEWS本土化发展战略》,《电视研究》2013年第7期,第16—17页。

体共同策划和举行了一系列相关活动。比如,2006年,中国主流媒体《人民日报》、新华社、中央电视台、国际台和中国新闻社等机构与俄罗斯国家媒体进行了"中俄友谊之旅"的跨境联合采访报道。这一活动持续了40多天,期间共发表500余条新闻报道、800多张图片。中俄两国媒体以联合采访报道的方式向国际公众展示了中俄两国之间的历史与政治互信,通过媒体间的合作,在国际舆论空间呈现两国形象,以及两国之间的合作与互动。①

2011年,国际台在四川汶川地震三周年之际,邀请那些曾在2008年报道汶川地震的国外媒体参加名为"汶川地震三周年中外记者重返灾区"的联合采访报道活动。通过此举,国际台一方面为其他国际媒体同仁搭建了重返地震灾区采访的平台,让他们对外发布中国政府如何在震后三年之内进行恢复重建并取得一定成果的新闻;另一方面用实际行动证明中国日益开放的媒体环境,塑造开放、友好和合作的中国形象。

除此之外,《中国日报》也经常举办联合采访报道活动。比如,《中国日报》利用与其他国际媒体的良好关系,邀请媒体高管和记者前来中国进行集体采访活动。"亚洲主流媒体看中国"就是典型的合作式媒体外交案例。联合采访报道不仅可以加深我国媒体与国外媒体之间的联系与合作;更重要的是,这一形式有助于让关于中国的报道连续出现在国外有知名度的媒体上,彰显中国形象。

---

① 陈健:《媒体外交:中俄"国家年"的媒体视角》,《新闻爱好者》2007年8月,第4—5页。

第三节　媒体同行共同举办国际性活动

一国媒体与国际媒体同行共同举办国际性活动，或就国际公众共同关心的议题与其他国际机构展开合作是合作式媒体外交的第三种表现形式。

一、《中国日报》和新华社基于国际公众共同关心的议题与国际机构合作

2006年，《中国日报》紧扣"环境保护"议题，与联合国环境规划署和世界自然基金会等国际环保机构共同举办"国际大学生环保漫画·插画大赛"，[①]在国际公众共同关心的"环境保护"主题下，让作为世界未来发展动力核心的大学生群体以绘画形式呈现对这一议题的看法。这一合作本身传递了中国主流媒体关注环保、关注人类共有家园的意愿。

2011年7月，新华社与联合国开发计划署联合举办了名为"消除贫困"的全球摄影比赛，吸引了新华社近200个分支机构、合作单位和媒体用户的参与；此外，主办方还收到了一些世界主流媒体和专业机构提交的摄影作品。该比赛通过摄影作品呈现造成贫困的原因、应对办法和消除贫困所取得的成果，以图片形式聚焦贫困议题。通过合作，新华社不仅向国际社会展示了中国主流媒体关注

---

① 中国日报网，http://www.chinadaily.com.cn/static_c/gyzgrbwz.html，2014年2月15日访问。

媒体外交：理论与实践

贫困问题、承担社会责任的意愿，也吸引了其他国家及其公众关注贫困，在国际共同行动中承担责任、履行使命。

二、新华社的"世界媒体峰会"和中新社的"世界华文传媒论坛"

2009年10月，新华社承办了主题为"合作、应对、共赢、发展"的"世界媒体峰会"，吸引了近70个国家和地区的130多家境外媒体机构和40多家境内媒体负责人出席。该峰会是由新华社与新闻集团、美联社、路透社、俄塔社、共同社、英国广播公司、时代华纳特纳广播集团和谷歌8家世界著名媒体机构共同发起的，涵盖了通讯社、报刊、广播、电视、互联网在内的多种媒体形式，被誉为"全世界媒体的奥林匹克"。在开幕式上，时任中国国家主席胡锦涛发表了讲话，美联社、法新社、德新社、共同社、BBC中文网、美国《华尔街日报》中文网、新加坡联合早报网和韩国《中央日报》等境外媒体纷纷引用了胡锦涛的讲话内容，并给予了积极评价。

2013年，新华社再次成功举办世界媒体峰会第二次主席团会议，并通过了《世界媒体峰会章程》，设立了"世界媒体峰会全球新闻奖"，由此，世界媒体峰会常态化机制形成。

新华社以举办"世界媒体峰会"的形式，拓展了与其他国际媒体之间的合作，通过媒体机构之间的对话、互动与合作，从客观上提升了国际舆论空间有关中国议题的曝光率，有利于向世界展示中国主流媒体乃至中国政府承担社会责任、秉承公益使命的良好形象。更值得一提的是，常态化的"世界媒体峰会"将成为新华社和中国政府拓展国际合作、提升国际影响力和打造中国国家品牌的重要渠道。

无独有偶,以中文为主要传播语言的中新社凭借自身在全球华人圈和国际华文传播圈的声誉与地位,自2001年起每两年举办一届"世界华文传媒论坛"。该论坛主要面向五大洲几十个国家和港、澳、台地区的近百家华文媒体的高层。论坛期间,这些华文媒体高层讨论各自媒体的生存发展之道,相互取经、借鉴经验,在加强华文媒体之间联系与合作的同时,共同提升华文媒体的整体水平,从而增强华文媒体在国际传播领域的影响力。

事实上,中新社的"世界华文传媒论坛"不仅在全球华文媒体之间搭建起了对话、合作与交流的平台,更充分展示了华文媒体之间情同手足、共谋发展的密切关系,有利于在国际传播领域展现华文媒体的力量,传播中华文化,打造中华品牌。

本章小结

本章主要讨论了合作式媒体外交的三种模式。在合作式媒体外交中,媒体一方面作为"媒体渠道",报道与呈现行为主体之间的合作;另一方面作为"行为主体",与其他媒体机构合作或共同举办国际性活动。具体来说,本章以CCTV NEWS对2013年南非"德班峰会"的报道为例,讨论了中国主流媒体如何通过报道发展中国家之间的合作来凸显"一个实干、低调和具有合作精神的发展中大国形象"。此外,本章采用个案研究法,分析了《中国日报》和中央电视台的合作式媒体外交模式的探索之路,讨论了新华社、国际台和中新社等主流媒体机构的合作式媒体外交实践。

尾　声

2013年10月,一个颇具神秘色彩的视频工作室"复兴路上工作室"①在国内最大视频分享网站——优酷网上发布了名为《领导人是怎样炼成的》的中英文视频,时长分别是5分02秒和5分28秒;与此同时,该视频英文版也出现在美国主要视频分享网站优兔上。截至2015年9月11日,该视频中文版在优酷网上的总播放量达362.3万次,英文版的总播放量为30.2万次;在优兔平台,英文版的播放量为8470次,其受欢迎程度可见一斑。与2011年年初在美国纽约时报广场和美国主流媒体平台播出的《中国国家形象片——人物篇》的"名人"视角不同,《领导人是怎样炼成的》从"普通人"的角度出发,以平易近人的轻松语调介绍中外领导人的晋升制度;从传播平台来看,《领导人是怎样炼成的》选择了公众最易获取的互联网渠道。因此,较之以追求"名人效应"的《中国国家形象片——人物篇》,《领导人是怎样炼成的》从视角、话语到传播平台都遵循了"群众路线"。再者,该视频在十八届三中全会召开前夕推出,其所传递的政治意义耐人寻味。

---

① 关于这个工作室,很多人猜测有官方背景,"复兴路上"这个名字暗示了坐落在北京复兴路上的某个政府部门。

尾声

之后,"复兴路上工作室"陆续推出了3分钟视频《中国共产党与你一起在路上》,以英文旁白、中英文字幕展示了学生、农民、工人、调酒师、舞蹈家、快递员、运动员等普通人的中国梦。2015年年初,"复兴路上工作室"又推出了"跟着习大大走"之博鳌篇、万隆篇和巴基斯坦篇。由此可以看出,媒介化地呈现国家形象和首脑形象已经成为当下中国对外传播的重要形式,其中,新兴媒体平台的潜力已被发现。

本书在梳理与解读媒体外交概念的基础上,提出了媒体外交的三种基本传播模式,即独白式媒体外交、对话式媒体外交和合作式媒体外交。基于个案的比较研究可以发现,在十八大以来首脑外交日益活跃的背景下,首脑独白式媒体外交构成并将日益成为中国媒体外交实践的重点。从首脑接受到访国媒体采访、在到访国主流媒体发表署名文章,到制作专门有关首脑出访的形象化视频,视角更加大众化,对外传播意识更强。尽管是独白的传播模式,但倾听、对话乃至合作的意愿清晰地蕴含于该模式之中。

从本书的分析可以看出,中国媒体在"讲好中国故事,传播好中国声音"这一对外传播语境下大有可为。政策上,《2009-2020年我国重点媒体国际传播力建设总体规划》加快了中国6家主流媒体"走出去"的步伐;而2013年11月,《十八届三中全会关于中国重点媒体对外话语体系建设的新要求》,将中国媒体进一步推向了国际传播的核心领域——话语建构。相较于西方主流媒体,中国媒体在话语建构进程中最先面临的将是渠道问题,即如何将声音传出去。综合分析半岛电视台、今日俄罗斯频道等新兴国际传播力量的崛起路径,基于互联网技术的新兴媒体平台另辟蹊径,与传统

媒体实现了完美地融合。诚然,从中国媒体运用新兴媒体平台、讲述中国故事的现状来看,我国媒体与先行一步的半岛电视台和今日俄罗斯频道尚有差距,更不用说资深的老牌国际主流媒体了。但是,从另一个角度来说,差距也就意味着存在提升的空间。因此,媒体势必成为中国媒体外交的主要行动者(行为主体)和助力者(传播渠道),新兴媒体平台将成为着力点。

瑞典学者琼森和霍尔将传播视为外交的第一重要维度。伴随着大众传播技术的发展和公众意见的崛起,在外交的核心——政府间秘密沟通之外,政府经由大众传播媒介进行的公共传播行为日益受到重视。"二战"后,公共外交实践与研究的兴起根源于此;冷战后,建构主义思潮涌动,关于如何在后现代世界进行话语与观念建构的讨论与研究进一步转向实现社会建构和观念建构的主要渠道——媒体传播,这即是本书写作的缘起。本书的研究对象——媒体外交,归根结底围绕公众、媒体、国家政府和外交决策四者及其关系展开,所提出的三种模式可作为解读四者关系的一种尝试。

附录一:2013年9月10日美国总统奥巴马关于叙利亚问题的全国电视讲话

Remarks by the President in Address to the Nation on Syria

9:01 P.M. EDT

THE PRESIDENT: My fellow Americans, tonight I want to talk to you about Syria—why it matters, and where we go from here.

Over the past two years, what began as a series of peaceful protests against the repressive regime of Bashar al-Assad has turned into a brutal civil war. Over 100,000 people have been killed. Millions have fled the country. In that time, America has worked with allies to provide humanitarian support, to help the moderate opposition, and to shape a political settlement. But I have resisted calls for military action, because we cannot resolve someone else's civil war through force, particularly after a decade of war in Iraq and Afghanistan.

The situation profoundly changed, though, on August 21st, when Assad's government gassed to death over a thousand people, including hundreds of children. The images from this massacre are sickening: men, women, children lying in rows, killed by poison gas. Others foaming at the mouth, gasping for breath. A father clutching his dead children, imploring them to get up and walk. On that terrible night, the world saw in gruesome detail the terrible nature of chemical weapons, and why the overwhelming majority of humanity has declared them off-limits—a crime against humanity, and a violation of the laws of war.

This was not always the case. In World War I, American GIs were among the many thousands killed by deadly gas in the trenches of Europe. In World War II, the Nazis used gas to inflict the horror of the Holocaust. Because these weapons can kill on a mass scale, with no distinction between soldier and infant, the civilized world has spent a century working to ban them. And in 1997, the United States Senate overwhelmingly approved an international agreement prohibiting the use of chemical weapons, now joined by 189 governments that represent 98 percent of humanity.

On August 21st, these basic rules were violated, along with our sense of common humanity. No one disputes that chemical weapons were used in Syria. The world saw thousands of videos, cell phone pictures, and social media accounts from the attack, and humanitarian organizations told stories of hospitals packed with people who had symptoms of poison gas.

Moreover, we know the Assad regime was responsible. In the days leading up to August 21st, we know that Assad's chemical weapons personnel prepared for an attack near an area where they mix sarin gas. They distributed gasmasks to their troops. Then they fired rockets from a regime-controlled area into 11 neighborhoods that the regime has been trying to wipe clear of opposition forces. Shortly after those rockets landed, the gas spread, and hospitals filled with the dying and the wounded. We know senior figures in Assad's military machine reviewed the results of the attack, and the regime increased their shelling of the same neighborhoods in the days that followed. We've also studied samples of blood and hair from people at the site that tested positive for sarin.

When dictators commit atrocities, they depend upon the world to look the other way until those horrifying pictures fade from memory. But these things happened. The facts cannot be denied. The question now is what the United States of America, and the international community, is prepared to do about it. Because what happened to those people—to those children—is not only a violation of international law, it's also a danger to our security.

Let me explain why. If we fail to act, the Assad regime will see no reason to stop using chemical weapons. As the ban against these weapons erodes, other tyrants will have no reason to think twice about acquiring poison gas, and using them. Over time, our troops would again face the prospect of chemical warfare on the battlefield. And it could be easier for terrorist organizations to obtain these weapons, and to use them to attack civilians.

If fighting spills beyond Syria's borders, these weapons could threaten allies like Turkey, Jordan, and Israel. And a failure to stand against the use of chemical weapons would weaken prohibitions against other weapons of mass destruction, and embolden Assad's ally, Iran—which must decide whether to ignore international law by building a nuclear weapon, or to take a more peaceful path.

This is not a world we should accept. This is what's at stake. And that is why, after careful deliberation, I determined that it is in the national security interests of the United States to respond to the Assad regime's use of chemical weapons through a targeted military strike. The purpose of this strike would be to deter Assad from using chemical weapons, to degrade his regime's ability to use them, and to make clear to the world that we will not tolerate their use.

That's my judgment as Commander-in-Chief. But I'm also the President of the world's oldest constitutional democracy. So even though I possess the authority to order military strikes, I believed it was right, in the absence of a direct or imminent threat to our security, to take this debate to Congress. I believe our democracy is stronger when the President acts with the support of Congress. And I believe that America acts more effectively abroad when we stand together.

This is especially true after a decade that put more and more war-making power in the hands of the President, and more and more burdens on the shoulders of our troops, while sidelining the people's representatives from the critical decisions about when we use force.

Now, I know that after the terrible toll of Iraq and Afghanistan, the idea of any military action, no matter how limited, is not going to be popular. After all, I've spent four and a half years working to end wars, not to start them. Our troops are out of Iraq. Our troops are coming home from Afghanistan. And I know Americans want all of us in Washington—especially me—to concentrate on the task of building our nation here at home: putting people back to work, educating our kids, growing our middle class.

It's no wonder, then, that you're asking hard questions. So let me answer some of the most important questions that I've heard from members of Congress, and that I've read in letters that you've sent to me.

First, many of you have asked, won't this put us on a slippery slope to another war? One man wrote to me that we are "still recovering from our involvement in Iraq." A veteran put it more bluntly:"This nation is sick and tired of war."

My answer is simple: I will not put American boots on the ground in Syria. I will not pursue an open-ended action like Iraq or Afghanistan. I will not pursue a prolonged air campaign like Libya or Kosovo. This would be a targeted strike to achieve a clear objective: deterring the use of chemical weapons, and degrading Assad's capabilities.

Others have asked whether it's worth acting if we don't take out Assad. As some members of Congress have said, there's no point in simply doing a "pinprick" strike in Syria.

Let me make something clear: The United States military doesn't do pinpricks. Even a limited strike will send a message to Assad that no other nation can deliver. I don't think we should remove another dictator with force—we learned from Iraq that doing so makes us responsible for all that comes next. But a targeted strike can make Assad, or any other dictator, think twice before using chemical weapons.

Other questions involve the dangers of retaliation. We don't dismiss any threats, but the Assad regime does not have the ability to seriously threaten our military. Any other retaliation they might seek is in line with threats that we face every day. Neither Assad nor his allies have any interest in escalation that would lead to his demise. And our ally, Israel, can defend itself with overwhelming force, as well as the unshakeable support of the United States of America.

Many of you have asked a broader question: Why should we get involved at all in a place that's so complicated, and where—as one person wrote to me—"those who come after Assad may be enemies of human rights?"

It's true that some of Assad's opponents are extremists. But al Qaeda will only draw strength in a more chaotic Syria if people there see the world doing nothing to prevent innocent civilians from being gassed to death. The majority of the Syrian people—and the Syrian opposition we work with—just want to live in peace, with dignity and freedom. And the day after any military action, we would redouble our efforts to achieve a political solution that strengthens those who reject the forces of tyranny and extremism.

Finally, many of you have asked: Why not leave this to other countries, or seek solutions short of force? As several people wrote to me, "We should not be the world's policeman."

I agree, and I have a deeply held preference for peaceful solutions. Over the last two years, my administration has tried diplomacy and sanctions, warning and negotiations—but chemical weapons were still used by the Assad regime.

However, over the last few days, we've seen some encouraging signs. In part because of the credible threat of U.S. military action, as well as constructive talks that I had with President Putin, the Russian government has indicated a willingness to join with the international community in pushing Assad to give up his chemical weapons. The Assad regime has now admitted that it has these weapons, and even said they'd join the Chemical Weapons Convention, which prohibits their use.

It's too early to tell whether this offer will succeed, and any agreement must verify that the Assad regime keeps its commitments. But this initiative has the potential to remove the threat of chemical weapons without the use of force, particularly because Russia is one of Assad's strongest allies.

I have, therefore, asked the leaders of Congress to postpone a vote to authorize the use of force while we pursue this diplomatic path. I'm sending Secretary of State John Kerry to meet his Russian counterpart on Thursday, and I will continue my own discussions with President Putin. I've spoken to the leaders of two of our closest allies, France and the United Kingdom, and we will work together in consultation with Russia and China to put forward a resolution at the U.N. Security Council requiring Assad to give up his chemical weapons, and to ultimately destroy them under international control. We'll also give U.N. inspectors the opportunity to report their findings about what happened on August 21st. And we will continue to rally support from allies from Europe to the Americas—from Asia to the Middle East—who agree on the need for action.

Meanwhile, I've ordered our military to maintain their current posture to keep the pressure on Assad, and to be in a position to respond if diplomacy fails. And tonight, I give thanks again to our military and their families for their incredible strength and sacrifices.

My fellow Americans, for nearly seven decades, the United States has been the anchor of global security. This has meant doing more than forging international agreements—it has meant enforcing them. The burdens of leadership are often heavy, but the world is a better place because we have borne them.

And so, to my friends on the right, I ask you to reconcile your commitment to America's military might with a failure to act when a cause is so plainly just. To my friends on the left, I ask you to reconcile your belief in freedom and dignity for all people with those images of children writhing in pain, and going still on a cold hospital floor. For sometimes resolutions and statements of condemnation are simply not enough.

Indeed, I'd ask every member of Congress, and those of you watching at home tonight, to view those videos of the attack, and then ask: What kind of world will we live in if the United States of America sees a dictator brazenly violate international law with poison gas, and we choose to look the other way?

Franklin Roosevelt once said, "Our national determination to keep free of foreign wars and foreign entanglements cannot prevent us from feeling deep concern when ideals and principles that we have cherished are challenged." Our ideals and principles, as well as our national security, are at stake in Syria, along with our leadership of a world where we seek to ensure that the worst weapons will never be used.

America is not the world's policeman. Terrible things happen across the globe, and it is beyond our means to right every wrong. But when, with modest effort and risk, we can stop children from being gassed to death, and thereby make our own children safer over the long run, I believe we should act. That's what makes America different. That's what makes us exceptional. With humility, but with resolve, let us never lose sight of that essential truth.

Thank you. God bless you. And God bless the United States of America.

（原文来自于美国白宫官方网站）

译文：美国总统奥巴马9月10日关于叙利亚问题的全国电视讲话

美国同胞们，今晚我想和你们谈论关于叙利亚的问题，为什么这个问题很重要以及我们将会走向何方。

在过去的两年间，起初是反对巴沙尔·阿萨德暴政的一系列和平抗议演变成了残酷的内战。有超过10万人因此丧生，数以百万计的人们逃离了祖国。在那段时间里，美国和盟国一道行动，为叙利亚提供人道主义支持，帮助持温和态度的反对派，推动形成政治解决方案。然而我拒绝了采取军事行动的呼吁，这是由于我们不能通过诉诸武力的方式化解其他国家的内战危机,尤其是在过去的十年内我们先后经历了阿富汗和伊拉克两场战争的情况下。

但是局势发生了重大变化。8月21日,阿萨德政府使用化学武器造成一千多人丧生,其中包括数百名儿童。屠杀现场的画面令人作呕:被毒气杀害的男人、妇女以及孩子们成列地躺在地上,其他人口吐白沫,大口喘气呼吸。一位父亲紧紧抓住他已经死去的孩子们,苦苦哀求着,多么希望他们能够再站起来走动。在那个可怕的晚上,全世界都从这些骇人的细节中见识了化学武器恐怖的特性。正因为如此,世界上绝大多数国家已经宣布禁止使用化学武器。使用化学武器是反人类的罪行,是对战争法的挑战。

然而,事与愿违。第一次世界大战中,在欧洲战场因毒气丧命的成千上万人中,就有美国士兵。第二次世界大战期间,纳粹使用化学毒气加剧了大屠杀的恐怖后果。因为这些武器具有大规模杀伤力,不会区别对象是士兵还是婴儿。文明世界经过一个世纪的努力才禁止使用化学武器。1997年,美国国会参议院以压倒性的优势批准了这一旨在禁止使用化学武器的国际公约;现在已经有189个国家加入了这一公约,涵盖全世界98%的人口。

8月21日,这些基本原则遭到了挑战,一同遭遇挑战的还有全人类的共识。关于叙利亚境内使用了化学武器这一点,没有人持有异议。全世界都看到了来自袭击现场的视频画面、手机图片以及社交媒体账号所发布的内容。人道主义组织说医院里满是因毒气患上病症的患者。

除此之外,我们知道阿萨德当局难辞其咎。在8月21日前几天,阿萨德政权的化武人员就准备好要在他们制造沙林毒气的附

近发动袭击。他们向部队分发防毒面罩。随后,他们从政府军控制的地带向11个邻近地区发射了火箭弹。政府军一直试图清除这些邻近地区内的反对派武装。在火箭弹落地后不久,毒气就扩散开来,医院内随即挤满了伤亡人员。我们获悉阿萨德军队中的高层人士曾察看了袭击造成的后果,政府军在随后几天内增加了对相同地区的袭击。我们已经研究过在袭击现场采集的血液和头发样本,对沙林毒气成分的检测结果呈阳性。

当独裁者犯下滔天罪行时,他们会希望世界人民视而不见,直至那些令人恐惧的画面从记忆中消退。然而,事情的确发生了,事实不容否认。现在的问题是美国和国际社会准备对此采取何种行动。因为发生在叙利亚人民身上、发生在那些孩子身上的事情,并非仅仅是违反了国际法,也是对我们安全的威胁。

让我来解释一下原因。如果我们不采取行动的话,阿萨德政权会认为没有理由停止使用化学武器。一旦禁止使用化学武器的禁令被破坏,其他专制统治者便会不假思索地获取并使用化学武器。一段时间过后,我们的部队将会再次面临化学战争的可能性。恐怖主义组织也会更加容易地获得这些武器,并用它们来袭击平民。

如果战事超出了叙利亚的边境,这些化学武器将可能威胁到土耳其、约旦、以色列等盟国。反对使用化学武器的努力一旦失败,将会弱化针对其他大规模杀伤性武器禁令的效力,并且使叙利亚的盟友伊朗变得更为大胆。对于伊朗来说,其必须在无视国际法约束发展核武器和采取更为和平的路线之间作出抉择。

这并不是我们应该接受的世界。这关乎存亡。因此我在认真思考后确定，通过针对性军事打击来回应阿萨德政权使用化学武器的行径是符合美国国家安全利益的。军事打击旨在阻止阿萨德使用化学武器，削弱其政权使用化学武器的能力，并向全世界表明我们绝不容忍他们使用化学武器。

这是我作为美国三军总司令的判断。但是，我也是世界上历史最久的宪政民主国家的总统。因此，尽管我具有命令军事打击的权力，而且我认为这也是对的，但在没有对我们的安全构成直接和迫近威胁的情况下，还是将这个问题提交国会讨论。我相信，当总统的行动得到国会支持时，我们的民主政治会更为强大。而且我也相信，如果我们团结一致，美国在海外的行动也会更为有效。

特别是在经历了过去的十年之后，这显得尤为正确。过去十年中，总统手上握有越来越大的发动战争的权力，我们的部队承担了越来越重的压力，而民众代表却在何时使用武力的重大决策中被边缘化。

我明白，继伊拉克和阿富汗的惨重伤亡后，任何军事行动的想法，无论多么有限，都不会受欢迎。毕竟我用了四年半的时间来结束战争，而非发动战争。我们的部队已经从伊拉克撤出，现在正从阿富汗撤回。我也知道美国人民希望华盛顿的所有人，特别是我，能够集中精力建设我们的国家，让人们重返工作岗位，教育我们的孩子，壮大中产阶级。

因此，你们提出尖锐的问题不足为奇。我从国会议员那里听说了这些问题，从你们给我的信中读到了问题，那接下来就让我回答其中最重要的一些问题。

首先，你们很多人问道，这难道不会使我们滑向又一场战争的深渊吗？有人在信中写道，我们"尚未从伊拉克战争中恢复过来"。一位退役老兵更为直率："这个国家病了，已经厌倦了战争。"

我的回答很简单：我不会让美军士兵踏上叙利亚的土地。我不会寻求像伊拉克和阿富汗战争那样无期限的行动，我也不会寻求像利比亚和科索沃那样无休止的空袭。这会是一次具有明确目标的有针对性打击，即制止使用化学武器，削弱阿萨德政权使用化学武器的能力。

有些人问道，如果我们不推翻阿萨德政权，这样的行动是否还值得去做。正如一些国会议员所说，只对叙利亚发动"针刺"一样的打击毫无意义。

让我澄清一下：美军不会发动"针刺"一样的打击。即便是有限的打击，也可以向阿萨德传递其他国家无法传递的信息。我认为我们不应该使用武力驱逐又一位独裁者，因为伊拉克战争让我们知道这样做意味着我们必须为其所有后果负责。然而，有针对性的打击可以令阿萨德或其他独裁者在使用化学武器之前三思而后行。

还有一些涉及报复危险的问题。我们不排除任何威胁，但是阿萨德政权并不具备对我们军队构成严重威胁的能力。他们可以寻求的其他报复形式，与我们每天面临的威胁并无两样。不论是阿萨德本人，还是其盟友，都不会对有可能导致其下台的局势升级感兴趣。而我们的盟国以色列可以凭借其强大的军事力量和美国毫不动摇的支持实现自我防卫。

你们很多人都问到了一个比较宏观的问题：为什么我们要介入一个局势如此复杂的地区？曾经有人写信问我："接替阿萨德的

人有可能与人权为敌？"

阿萨德的反对者中的确有一部分是极端主义者。然而，如果那里的人民看到全世界对保护平民免遭致命毒气杀害束手无策的话，那么只会使基地组织在更加混乱的叙利亚发展壮大。大多数叙利亚人民，包括我们与之合作的叙利亚反对派，只是希望能够过上和平、有尊严和自由的生活。任何军事行动之后，我们都会加倍努力寻求政治解决之道，增强抵制暴政和极端主义的力量。

最后，你们很多人问道：为什么不将这项使命交给其他国家，或者寻求不动用武力的方案？正如有些人所写："我们不应该充当世界警察。"

我同意上述观点，并且我非常希望能够促成和平解决。在过去的两年里，我的政府已经尝试使用了外交、制裁、警告和谈判的方式。尽管如此，阿萨德政权还是使用了化学武器。

不过，在过去的几天里，我们看到了一些振奋人心的信号。一方面是因为美国军事行动存在切实的威胁，另一方面是因为我与俄罗斯总统普京展开了建设性的对话，俄方表达了与国际社会一同合作并敦促阿萨德放弃化学武器的意愿。阿萨德政权已经承认其拥有化学武器，并且表示将加入《禁止化学武器公约》。

现在判断这个方案是否奏效还为时过早，而且任何一项协议都必须能够确保阿萨德政权信守承诺。但这一提案有可能解除不通过使用武力来化解化学武器的威胁，尤其是因为俄罗斯是阿萨德政权最牢靠的盟友之一。

因此，当我们寻求这一外交途径解决时，我请求国会领导人推迟对于授权使用武力的表决。我将派国务卿约翰·克里同俄罗斯外长在本周四(9月12日)举行会谈,而且我也会继续同普京总统进行商谈。我已经同我们最密切的两个盟友——法国和英国的领导人交谈过了,我们会与俄罗斯和中国展开磋商,推进在联合国安理会框架内形成决议,要求阿萨德放弃化学武器,并最终在国际监管下彻底销毁这些武器。我们还将给联合国调查人员机会,报告他们对于8月21日事件的发现。我们还将继续争取欧洲、美洲、亚洲和中东那些认同采取行动的盟友们的支持。

与此同时,我已命令我们的军队保持当前向阿萨德政权持续施压的姿态,一旦外交努力失败,就能立即作出反应。今晚,我要再次向我们的军队以及他们的家人表示感谢,感谢他们所付出的巨大贡献和牺牲。

美国同胞们,近70年来,美国始终是全球安全的依靠。这不仅意味着我们要促成国际协议,更意味着要促使这些协议付诸实施。领导者身上承担着很重的责任,但正因为我们承担了这些,世界才变得更加美好。

因此,我想请右翼朋友们也想一想,以你们对美国军事实力的承诺,是否容许其在如此正义的事业面前无所作为。我想请左翼朋友们想一想,以你们对全人类自由与尊严的信念,是否可以对那些在痛苦中挣扎、躺在医院冰冷地板上的孩子们无动于衷。有时,仅靠决议和谴责声明是远远不够的。

的确,我想请全体国会议员和今晚在家收看电视演讲的你们,去看一看化学武器袭击的视频资料,并扪心自问:假如美国明明看到一个独裁者使用化学毒气公然违反国际法却视而不见,那么我们所在的世界将会变成什么样子?

富兰克林·罗斯福曾说:"我国不介入对外战争和外部纠葛的决心不妨碍我们在看到自己所珍视的理想与原则遭到挑战时深表关切。"叙利亚问题攸关我们的理想和原则、我们的国家安全以及我们确保世界范围内不再使用最残酷武器的世界领导地位。

美国不是世界警察。世界各地都在发生可怕的事情,我们没有能力去纠正每一处错误。但是,我们可以通过适度的行动和冒一点点风险,使孩子免受致命毒气的威胁,从而让我们自己的孩子获得长远的安全。因此,我相信我们应该行动。正是这一点让美国与众不同,使我们独一无二。但是,我们要秉承谦逊,下定决心,永远铭记这个至关重要的真理。

谢谢你们!愿上帝保佑你们,愿上帝保佑美利坚合众国!

附录二:2013年9月11日俄罗斯总统普京在《纽约时报》网站发表的署名文章

A Plea for Caution from Russia

What Putin Has to Say to Americans about Syria

Vladimir V. Putin

September 11, 2013

Moscow—Recent events surrounding Syria have prompted me to speak directly to the American people and their political leaders. It is important to do so at a time of insufficient communication between our societies.

Relations between us have passed through different stages. We stood against each other during the cold war. But we were also allies once, and defeated the Nazis together. The universal international organization—the United Nations—was then established to prevent such devastation from ever happening again.

The United Nations' founders understood that decisions affecting war and peace should happen only by consensus, and with America's consent the veto by Security Council permanent members was enshrined in the United Nations Charter. The profound wisdom of this has underpinned the stability of international relations for decades.

No one wants the United Nations to suffer the fate of the League of Nations, which collapsed because it lacked real leverage. This is possible if influential countries bypass the United Nations and take military action without Security Council authorization.

The potential strike by the United States against Syria, despite strong opposition from many countries and major political and religious leaders, including the pope, will result in more innocent victims and escalation, potentially spreading the conflict far beyond Syria's borders. A strike would increase violence and unleash a new wave of terrorism. It could undermine multilateral efforts to resolve the Iranian nuclear problem and the Israeli-Palestinian conflict and further destabilize the Middle East and North Africa. It could throw the entire system of international law and order out of balance.

Syria is not witnessing a battle for democracy, but an armed conflict between government and opposition in a multireligious country. There are few champions of democracy in Syria. But there are more than enough Qaeda fighters and extremists of all stripes battling the government. The United States State Department has designated Al Nusra Front and the Islamic State of Iraq and the Levant, fighting with the opposition, as terrorist organizations. This internal conflict, fueled by foreign weapons supplied to the opposition, is one of the bloodiest in the world.

Mercenaries from Arab countries fighting there, and hundreds of militants from Western countries and even Russia, are an issue of our deep concern. Might they not return to our countries with experience acquired in Syria? After all, after fighting in Libya, extremists moved on to Mali. This threatens us all.

From the outset, Russia has advocated peaceful dialogue enabling Syrians to develop a compromise plan for their own future. We are not protecting the Syrian government, but international law. We need to use the United Nations Security Council and believe that preserving law and order in today's complex and turbulent world is one of the few ways to keep international relations from sliding into chaos. The law is still the law, and we must follow it whether we like it or not. Under current international law, force is permitted only in self-defense or by the decision of the Security Council. Anything else is unacceptable under the United Nations Charter and would constitute an act of aggression.

No one doubts that poison gas was used in Syria. But there is every reason to believe it was used not by the Syrian Army, but by opposition forces, to provoke intervention by their powerful foreign patrons, who would be siding with the fundamentalists. Reports that militants are preparing another attack—this time against Israel—cannot be ignored.

It is alarming that military intervention in internal conflicts in foreign countries has become commonplace for the United States. Is it in America's long term interest? I doubt it. Millions around the world increasingly see America not as a model of democracy but as relying solely on brute force, cobbling coalitions together under the slogan "you're either with us or against us."

But force has proved ineffective and pointless. Afghanistan is reeling, and no one can say what will happen after international forces withdraw. Libya is divided into tribes and clans. In Iraq the civil war continues, with dozens killed each day. In the United States, many draw an analogy between Iraq and Syria, and ask why their government would want to repeat recent mistakes.

No matter how targeted the strikes or how sophisticated the weapons, civilian casualties are inevitable, including the elderly and children, whom the strikes are meant to protect.

The world reacts by asking: if you cannot count on international law, then you must find other ways to ensure your security. Thus a growing number of countries seek to acquire weapons of mass destruction. This is logical: if you have the bomb, no one will touch you. We are left with talk of the need to strengthen nonproliferation, when in reality this is being eroded.

We must stop using the language of force and return to the path of civilized diplomatic and political settlement.

A new opportunity to avoid military action has emerged in the past few days. The United States, Russia and all members of the international community must take advantage of the Syrian government's willingness to place its chemical arsenal under international control for subsequent destruction. Judging by the statements of President Obama, the United States sees this as an alternative to military action.

I welcome the president's interest in continuing the dialogue with Russia on Syria. We must work together to keep this hope alive, as we agreed to at the Group of 8 meeting in Lough Erne in Northern Ireland in June, and steer the discussion back toward negotiations.

If we can avoid force against Syria, this will improve the atmosphere in international affairs and strengthen mutual trust. It will be our shared success and open the door to cooperation on other critical issues.

My working and personal relationship with President Obama is marked by growing trust. I appreciate this. I carefully studied his address to the nation on Tuesday. And I would rather disagree with a case he made on American exceptionalism, stating that the United

States' policy is "what makes America different. It's what makes us exceptional." It is extremely dangerous to encourage people to see themselves as exceptional, whatever the motivation. There are big countries and small countries, rich and poor, those with long democratic traditions and those still finding their way to democracy. Their policies differ, too. We are all different, but when we ask for the Lord's blessings, we must not forget that God created us equal.

（原文来自于《纽约时报》官方网站）

译文:告美国人民书

弗拉基米尔·普京

2013年9月11日

最近发生的围绕叙利亚的种种事件促使我同美国人民以及他们的政治领袖直接进行交谈。当两国之间缺乏有效沟通时,这种方式尤为重要。

俄美关系在历史上经历了不同阶段。冷战期间,我们曾是对手。但我们也曾结为盟友,一同打败了纳粹。联合国这个全球性国际组织正是在那之后建立起来的,为的是防止此类灾难再次发生。

联合国的创立者们明白,涉及战争与和平的决定只能基于共识,安理会常任理事国拥有否决权被写入了《联合国宪章》,对此,美国并无异议。这一条例的深远智慧确保了数十年来国际关系的

媒体外交：理论与实践

稳定发展。

没有人希望联合国会遭遇和国联一样的命运，即缺乏真正的制衡而瓦解。假如某些有影响力的大国越过联合国，在没有获得安理会授权的情况下采取军事行动，上述情况就还会发生。

如果美国不顾其他国家、重要政治领导人和包括教皇在内的宗教领袖的强烈反对，坚持对叙利亚进行军事打击的话，势必导致更多平民伤亡和矛盾升级，并很有可能蔓延至叙利亚边境之外。军事打击会增加暴力和引发新一轮的恐怖主义。它会破坏解决伊朗核问题和巴以冲突的多方努力，致使中东及北非局势更加动荡。

叙利亚目前所发生的不是民主之战，而是这个多宗教国家中政府与反对派之间的一场武装冲突。在叙利亚，民主拥护者不多，更多的是对抗政府的基地组织分子和各类极端主义分子。美国国务院已经将叙利亚反对派武装组织中的"努斯拉阵线""伊拉克伊斯兰国家和黎凡特"等列入恐怖组织名单。叙利亚反对派获得了外国武器供应，这就使叙利亚国内冲突成为世界上最为血腥的冲突之一。

阿拉伯国家的雇佣军参与了战争，来自西方国家甚至俄罗斯的数以百计的激进分子也加入了战争，这是我们高度关注的一个问题。难道他们不会在叙利亚获得战斗经验后返回我们的国家吗？别忘了，利比亚战争结束后，极端主义分子转移到了马里。这对我们所有人都构成了威胁。

俄罗斯自始至终致力于提倡和平对话方式，让叙利亚人民就自己的未来达成折中方案。我们不是在包庇叙利亚政府，而是在捍卫国际法。我们需要借助联合国安理会，并且坚信在如今这个复杂混乱的世界中，维护法律和秩序是防止国际关系滑向乱局的途径之一。国际法依然奏效，不管我们是否喜欢它，我们必须遵守。根据目前的国际法，只有在自卫或联合国安理会决议授权的情况下才可以动用武力。根据《联合国宪章》，除此之外的方式都不被接受，并构成侵略行为。

叙利亚境内使用了化学武器，对此无人怀疑。但是有充足的理由证明这不是叙利亚政府军所为，而是叙利亚反对派武装所为。他们希望以此煽动他们强大的外国主子介入其中，并肩战斗。有报道指出，激进主义分子正在策划另一场袭击，这一次是针对以色列，对此我们不能轻视。

值得警觉的是，军事干预别国内部矛盾已经成了美国的惯用手法。这符合美国的长远利益吗？我对此表示怀疑。渐渐地，全世界数以百万计的人们不再将美国视为民主的榜样，而是一个只靠残暴武力、在"要么支持我们，要么反对我们"的口号下纠集盟友的国家。

然而事实证明，仅靠武力是徒劳无益的。阿富汗尚处于混乱之中，没人知道一旦多国部队撤出会发生什么。利比亚被分裂成不同的部落。在伊拉克，内战还在持续，每天都有数十人死亡。在美国，很多人把伊拉克和叙利亚进行比较，质问他们的政府为什么要重复刚刚犯下的错误。

无论军事打击的针对性有多准确，或者所使用的武器有多先进，平民伤亡在所难免。而军事打击恰恰是要保护老人和儿童。

世界各国这样回应：假如你不指望国际法，那你必须找到其他方式来保证自己的安全。因此越来越多的国家寻求拥有大规模杀伤性武器。这符合逻辑：如果你拥有了炸弹，就没有人敢碰你。这就需要我们讨论强化防扩散的必要性，不过在现实中，这条原则正在被侵蚀。

我们必须放弃使用动用武力的话语，重新回到文明外交和政治解决的轨道上来。

在过去几天里出现了一个可以避免军事行动的新机遇：美国、俄罗斯以及国际社会的全体成员必须充分利用叙利亚政府接受其化学武器交由国际监管并逐步销毁的意愿。据奥巴马总统的声明判断，美国将这视为军事行动的替代方案。

对于总统先生愿意继续与俄方就叙利亚问题进行对话，我表示欢迎。我们必须一同合作，避免这一希望破灭，正如我们今年6月在北爱尔兰厄恩湖八国集团首脑会晤时所达成的共识，引导讨论重回谈判桌。

如果我们双方能够避免对叙利亚动武，那么会改善国际环境并强化互信。这也将会成为我们共同的功劳，同时也为其他重大问题的解决打开合作之门。

我同奥巴马总统的工作及私人关系正在积累越来越多的信任，我对此感到欣慰。我认真研究了他周二发表的全国演讲。对于总统先生所提到的美国例外主义，称正是美国的政策"令美国与众不同，使我们独一无二"，我不敢苟同。不论出于何目的，鼓励人民将自己视为例外非常危险。世界上有大国也有小国，有富国也有穷国，这些国家中有些拥有历史悠久的民主传统，有些还在寻求民主之路。每个国家的政策也千差万别。我们都是各不相同的，但当我们祈愿上帝保佑时，我们千万不能忘记人人生而平等。

参考文献

中文著作

[1] 北京外国语大学公共外交研究中心:《中国公共外交研究报告(2011/2012)》,时事出版社 2012 年版。

[2] 〔英〕达雅·屠苏:《国际传播:延续与变革》,董关鹏主译,新华出版社 2004 年版。

[3] 郭光华:《新闻传播能力构建研究——基于全球化的视野》,人民出版社 2013 年版。

[4] 〔美〕哈罗德·D·拉斯韦尔:《世界大战中的宣传技巧》,张洁、田青译,展江校,中国人民大学出版社 2003 年版。

[5] 〔美〕汉斯·摩根索:《国家间政治——权力斗争与和平》(第七版),徐昕、郝望、李保平译,王辑思校,北京大学出版社 2006 年版。

[6] 韩方明主编:《公共外交概论》,北京大学出版社 2011 年版。

[7] 韩召颖:《输出美国:美国新闻署与美国公众外交》,天津人民出版社 2000 年版。

[8] 〔日〕金子将史、北野充:《公共外交:"舆论时代"的外交战略》,《公共外交》翻译组译,外语教学与研究出版社 2010 年版。

[9] 鲁毅等：《外交学概论》（第2版），世界知识出版社2004年版。

[10] 〔美〕罗伯特·福特纳：《国际传播：全球都市的历史、冲突及控制》，刘立群译，华夏出版社2000年版。

[11] 李智：《中国国家形象——全球传播时代建构主义的解读》，新华出版社2011年版。

[12] 刘海龙：《宣传：观念、话语及其正当化》，中国大百科全书出版社2013年版。

[13] 马杰伟、张潇潇：《媒体现代：传播学与社会学的对话》，复旦大学出版社2011年版。

[14] 〔美〕米切尔·斯蒂芬斯：《新闻的历史》（第三版），陈继静译，北京大学出版社2014年版。

[15] 〔英〕萨道义：《外交实践指南》（第四版），中国人民外交学会编译室译，世界知识出版社1959年版。

[16] 唐世鼎：《中央电视台的第一与变迁：1958－2003》，东方出版社2003年版。

[17] 王思齐：《国家软实力的模式建构——从传播视角进行的战略思考》，浙江大学出版社2013年版。

[18] 赵化勇主编：《中央电视台发展史（1958－1997）》，中国广播电视出版社2008年版。

[19] 赵可金：《公共外交的理论与实践》，上海辞书出版社2007年版。

[20] 赵启正：《公共外交与跨文化交流》，中国人民大学出版社2011年版。

[21] 赵雪波主编：《传播视野中的国际关系》，中国传媒大学出版社2006年版。

[22] 周启朋、杨闯等编译：《国外外交学》，中国人民公安大学出版社1990年版。

[23] 〔美〕托马斯·库恩：《科学革命的结构》（第四版），金吾伦、胡新和译，北京大学出版社2012年版。

[24] 《中国百科大辞典》编委会：《中国百科大辞典》，华夏出版社1990年版。

[25] 甘惜分主编：《新闻学大辞典》，河南人民出版社1993年版。

[26] 童兵、陈绚编：《新闻传播学大辞典》，中国大百科全书出版社2014年版。

[27] 杨保军:《新闻活动论》,中国人民大学出版社2006年版。

[28] 鲁毅等:《外交学概论》(第2版),世界知识出版社2004年版。

[29] 〔美〕艾尔·巴比:《社会研究方法》(第十一版),邱泽奇译,华夏出版社2009年版。

期刊

[30] 毕研韬:《中国企业海外形象塑造:战略传播视角》,《科技智囊》2011年10月。

[31] 曹展明:《北大西洋公约组织公共外交管窥》,《学理论》2011年第1期。

[32] 陈健:《媒体外交:中俄"国家年"的媒体视角》,《新闻爱好者》2007年8月。

[33] 程曼丽:《国际传播学学科体系建立的理论前提》,《北京大学学报》(哲学社会科学版)2006年第6期。

[34] 范昀:《从CCTV－NEWS改版谈对外传播思路》,《电视研究》2010年第9期。

[35] 范昀:《从"走出去"到"走进去":CCTV－NEWS本土化发展战略》,《电视研究》2013年第7期。

[36] 龚文庠:《宣传的幻术——美国政治传播中媒介手段的运用》,《国际政治研究》1993年第4期。

[37] 郭中实:《概念及概念阐释在未来中国传播学研究中的意义》,《新闻大学》2008年第1期。

[38] 胡泳:《新媒体时代的公共外交》,《现代传播》2011年第9期。

[39] 金正昆、孙冰冰:《海外华侨华人参与:当代中国侨务公共外交路径研究》,《社科纵横》2012年第11期。

[40] 蒋昌建:《波动中的软实力与新公共外交》,《现代传播》2011年第8期。

[41] 李艳梅、陈然:《我国媒体对外传播话语权的构建》,《新闻爱好者》2008年第6期。

[42] 林玲：《"第五种权力"：美国思想库与对华政策》，《内蒙古民族大学学报》（社会科学版）2011年第2期。

[43] 莫盛凯、夏安凌：《跨国公司的公共外交价值及其开发利用》，《江汉论坛》2011年9期。

[44] 李福胜：《试论中国国际广播电台海外机构建设》，《现代传播》2012年第11期。

[45] 刘笑盈：《扩渠道、增内容、强效果——2012年电视国际传播综述》，《电视研究》2013年第4期。

[46] 刘滢：《外国意见领袖眼中的中国和中国媒体——对30个国家媒体人士和中国问题专家的访谈报告》，《对外传播》2013年9期。

[47] 罗建波：《非洲非政府组织与中非关系》，《现代国际关系》2008年第4期。

[48] 〔英〕尼古拉斯·卡尔：《公共外交：以史为鉴的七条法则》，钟新、陆佳怡译，《国际新闻界》2010年第7期。

[49] 彭兰：《"连接"的演进——互联网进化的基本逻辑》，《国际新闻界》2013年第12期。

[50] 檀有志：《网络外交：美国公共外交的一件新式武器》，《国际论坛》2010年第1期。

[51] 檀有志：《软实力战略视角下中国公共外交体系的构建》，《太平洋学报》2011年第3期。

[52] 孙宝国、高琼：《频道化快速发展时期的中国电视对外宣传》，《视听》2012年第10期。

[53] 孙建和：《中日网络对话成功的启示》，《对外大传播》2007年第6期。

[54] 唐小松、王义桅：《从"进攻"到"防御"——美国公共外交战略的角色变迁》，《美国研究》2003年第3期。

[55] 唐小松、王义桅：《公共外交对国际关系理论的冲击：一种分析框架》，《欧洲研究》2003年第4期。

[56] 唐小松、王义桅:《美国公共外交研究的兴起及其对美国对外政策的反思》,《世界经济与政治》2003年第4期。

[57] 王从卉:《CCTV－9频道的整体包装之路》,《传媒》2005年第5期。

[58] 王庚年:《中国国际广播电台增强国际传播能力建设的十大突破点》,《中国广播电视学刊》2010年第10期。

[59] 王沪宁:《作为国家实力的文化:软权力》,《复旦学报》(社会科学版)1993年第3期。

[60] 王莉丽:《美国思想库在公共外交中的角色和功能》,《红旗文稿》2011年第1期。

[61] 王伟男:《侨务公共外交:理论建构的尝试》,《国际展望》2012年第5期。

[62] 王昇虹、龙新蔚、江晓川:《中国文化软实力在德国的认知及接受度分析》,《国外社会科学》2012年5期。

[63] 韦宗友:《权力、软权力与国家形象》,《国际观察》2005年第5期。

[64] 吴瑛:《国际舆论格局与我国对外传播的路径选择》,《当代传播》2009年第5期。

[65] 夏吉宣:《中国立场、世界眼光、人类胸怀——以中国国际广播电台加快国际传播能力建设为例》,《对外传播》2012年第4期。

[66] 新华社舆论引导有效性和影响力研究课题组:《主流媒体判断标准和基本评价》,《中国记者》2004年第1期。

[67] 徐进:《国家品牌指数与中国国家形象分析》,《国际关系学院学报》2012年第1期。

[68] 许静:《论公共外交中的国家品牌化策略传播》,《南京社会科学》2012年第6期。

[69] 杨晴川:《做大做强英文评论品牌提升国际传播力——从新舆论环境下如何做好英文国际报道说起》,《中国记者》2013年第11期。

[70] 叶小刚:《增强影响力,打造世界华文传媒资讯中心——浅析中新社国际传

播战略实施过程》,《新闻研究导刊》2011年第12期。

[71] 张聪、刘笑盈:《中新社:国际华文传媒的龙头》,《对外传播》2010年第10期。

[72] 张庆园:《建构主义视角下公共外交的新概念》,《国际关系学院学报》2012年第1期。

[73] 赵可金:《美国公共外交的兴起》,《复旦学报》(社会科学版)2003年第3期。

[74] 赵新利:《温总理访日期间的公共外交艺术探析》,《青年记者》2010年第33期。

[75] 赵新利:《留学生公共外交与对外传播》,《对外传播》2012年第3期。

[76] 资中筠:《二十世纪后半叶世界舞台上的美国——〈美国战后外交史:从杜鲁门到里根〉绪论》,《美国研究》1993年第2期。

[77] 周庆安:《从模式演变看冷战后公共外交的转型》,《欧洲研究》2011年第4期。

[78] 周庆安:《从传播模式看21世纪公共外交研究的学术路径》,《现代传播》2011年第8期。

[79] 周新宇:《一扇让世界了解中国的独特窗口——〈人民日报〉海外版副总编辑刘国昌访谈》,《中国记者》2010年第9期。

[80] 周燕群:《把握趋势 提高技巧 奋力拓展——访〈中国日报〉副总编辑曲莹璞》,《中国记者》2010年第8期。

[81] 钟新:《新公共外交:软实力视野下的全民外交》,《现代传播》2011年第8期。

[82] 钟新、陆佳怡:《公共外交2.0:美国驻华使馆微博博客研究》,《国际新闻界》2011年第12期。

[83] 张清敏:《理解十八大以来的中国外交》,《外交评论》2014年第2期。

[84] 李智:《论文化外交对国家国际威望树立的作用》,《学术探索》2004年第10期。

[85] 李智:《试论文化外交》,《外交学院学报》2003年第11期。

[86] 许华:《俄罗斯的软实力外交与国际形象》,《国外社会科学》2009年第51期。

[87] 钟新、何娟:《英国:从文化外交到公共外交的演进》,《国际新闻界》2010 年第 7 期。

[88] 唐小松、吴秀雨:《加拿大新公共外交评析》,《国际论坛》2010 年第 6 期。

[89] 蒋蓓、伍慧萍:《德国对华公共外交:以"德中同行"活动为例》,《欧洲研究》2011 年第 4 期。

[90] 唐小松、赵波:《加拿大对欧盟公共外交评析》,《国际观察》2013 年第 6 期。

[91] 陆佳怡:《公共外交与媒体外交——专访美国南加州大学公共外交研究中心主任菲利普·赛博》,《对外传播》2013 年第 2 期。

[92] 张忠民、阳欣哲、张国良:《新闻传播学领域对"媒介""媒体""传媒"三词使用现状分析——以文献计量方法对四种专业核心期刊的研究》,《新闻记者》2010 年第 12 期。

[93] 任琳:《公共外交、媒体与战争》,《学理论》2011 年第 16 期。

[94] 孙建和:《中日网络对话成功的启示》,《对外大传播》2007 年第 6 期。

[95] 孙建平、谢奇峰:《传媒外交初探》,《现代传播》2002 年第 3 期。

[96] 赵鸿燕、林媛:《媒体外交在美国的表现和作用》,《现代传播》2008 年第 2 期。

[97] 赵楠、宋燕:《媒体外交与国家形象构建——传播手段视角下的新媒体外交》,《兰州大学学报》(社会科学版)2012 年第 6 期。

中文报刊/网络文献

[98] 胡锦涛:《在世界媒体峰会开幕式上的致辞》,《人民日报》2009 年 10 月 9 日。

[99] 李长春:《在纪念中国电视事业诞生暨中央电视台建台 50 周年大会上的讲话》,《光明日报》2008 年 12 月 23 日。

[100] 丁刚:《人民时评:中国媒体是谁的喉舌?》,http://www.people.com.cn/GB/guandian/1033/2555943.html,2013 年 12 月 28 日访问。

[101]《胡锦涛在人民日报社考察工作时的讲话》,http://cpc.people.com.cn/GB/64093/64094/7408960.html,2013 年 12 月 28 日访问。

[102] 温家宝:《政府工作报告——2013年3月5日在第十二届全国人民代表大会第一次会议上》,http://news.xinhuanet.com/2013lh/2013－03/18/c_115064553.htm,2013年12月28日访问。

[103] 吴一尘、朱婧:《国际台首个葡萄牙语海外分台正式开播》,国际在线,http://www.cri.com.cn/about,2014年2月15日访问。

[104] 新华社简介,http://203.192.6.89/xhs/static/e11272/11272.htm,2014年2月15日访问。

[105]《胡锦涛在中国共产党第十八次全国代表大会上的报告》,http://news.xinhuanet.com/18cpcnc/2012－11/17/c_113711665.htm,2013年12月28日访问。

[106]《中共中央关于全面深化改革若干重大问题的决定》,http://news.xinhuanet.com/politics/2013－11/15/c_118164235.htm,2013年12月28日访问。

[107]《新华影廊公司纽约时报广场广告屏幕投入试运行》,新华社,http://www.gov.cn/jrzg/2011－08/01/content_1917846.htm,2014年2月15日访问。

[108] 张海涛:《站在新的历史起点上推动我国广播影视科技和事业建设又好又快发展——在广电总局科技委八届三次会议上的讲话》,http://www.sarft.gov.cn/articles/2009/11/30/20091130152152100701.html,2013年12月28日访问。

[109] 中国长城平台,http://www.gw－tv.cn/ptjs_index.asp,2014年2月15日访问。

[110] 中国日报网,http://www.chinadaily.com.cn/static_c/gyzgrbwz.html,2014年2月15日访问。

[111] 中新网,http://www.chinanews.com/common/footer/intro.shtml,2014年2月15日访问。

[112] 中国网络电视台,http://news.cntv.cn/special/zwmtjlh/20111018/110642.shtml,2014 年 2 月 15 日访问。

[113] 中央电视台,http://cctvenchiridion.cctv.com/ysjs/index.shtml,2014 年 2 月 15 日访问。

中文硕士/博士论文

[114] 段艺琳:《央视提升国际传播能力的策略研究》,山东大学硕士学位论文 2012 年。

[115] 孟婷燕:《国际传播中的信息逆流模式分析——以半岛电视台为例》,浙江大学硕士学位论文 2011 年。

[116] 庞博:《公共外交视野下的媒体国际传播能力建设策略研究——以〈中国日报〉为例》,中国人民大学硕士学位论文 2011 年。

[117] 彭兰:《花环与荆棘——中国网络媒体的第一个十年》,中国人民大学博士学位论文 2004 年。

[118] 邱凌:《软实力背景下的中国国际传播战略研究》,复旦大学博士学位论文 2009 年。

[119] 吴立斌:《中国媒体的国际传播及影响力研究》,中共中央党校博士学位论文 2011 年。

[120] 吴玲燕:《试论中国地方英文媒体〈上海日报〉的国际传播》,重庆大学硕士学位论文 2011 年。

[121] 熊德:《中国电视新闻媒体跨国传播能力研究——以 CNC 为例》,武汉理工大学博士学位论文 2012 年。

[122] 张治龙:《中央电视台英语新闻频道国际传播能力建设研究》,中国人民大学硕士学位论文 2011 年。

英文著作

[123] Cowan G. & Cull, N. J. (eds.), *Public Diplomacy in a Changing World*, Oaks: Sage, 2008.

[124] Cull N. J., *The Decline and Fall of the United States Information Agency, American Public Diplomacy(1989－2001)*, New York: Palgrave Macmillan, 2012.

[125] Huntington S. P., *Who Are We?: The Challenges to America's National Identity*, New York: Simon & Schuster, 2004.

[126] Jonson C. & Hall M., *Essence of Diplomacy*, New York: Palgrave Macmillan, 2005.

[127] Liu L., *Interpersonal Rhetoric in the Editorials of China Daily: A Generic Perspective*, Bern: Peter Lang, 2010.

[128] Melissen J. (ed.), *The New Public Diplomacy: Soft Power in International Relations*, New York: Palgrave Macmillan, 2005.

[129] Nye J. S., *Soft Power: The Means to Success in World Politics*, New York: Public Affairs, 2004.

[130] Pamment J., *New Public Diplomacy in the 21st Century: A Comparative Study of Policy and Practice*, New York: Routledge, 2013.

[131] Snow N. & Philip M. P. (eds.), *Routledge Handbook of Public Diplomacy*, New York: Routledge, 2009.

[132] Tuch H. N., *Communicating with the World: U. S. Public Diplomacy Overseas*, New York: St. Martin's Press, 1990.

[133] Zaharna R. S., *Battles to Bridges: US Strategic Communication and Public Diplomacy after 9/11*, New York: Palgrave Macmillan, 2010.

[134] Damasio A. R., *The Feeling of What Happens: Body and Emotion in the Making of Consciousness*, New York: Harcourt Brace, 1999.

[135] Lewis M. & Haviland, J. M. (eds.), *Handbook of Emotion*, New York: Guilford Press, 1993.

[136] Hofstede G., *Culture's Consequences: Comparing Values, Behaviors, Institutions and Organizations Across Nations (2nd edition)*, Thousand Oaks: SAGE Publications, 2008, 2011.

[137] Kurlantzick J., *Charm Offensive: How China's Soft Power is Transforming the World*, New Haven: Yale University Press, 2007.

[138] Mulder M., *The Daily Power Game*, Martinus Nijhoff, Leiden: Neth, 1997.

[139] Wang J. (ed.), *Soft Power in China: Public Diplomacy through Communication*, New York: Palgrave Macmillan, 2011.

[140] Cohen B. C., *The Press and Foreign Policy*, Princeton, New Jersey: Princeton University Press, 1963.

[141] Cohen Y., *Media Diplomacy: The Foreign Office in the Mass Communications Age*, London: Frank Cass, 1986.

[142] Turner J. H., *The Structure of Sociological Theory (7th edition)*, Beijing: Peking University Press, 2007.

英文期刊

[143] Gilboa E., "Media Diplomacy: Conceptual Divergence and Applications", *The Harvard International Journal of Press/Politics*, No. 3, 1998.

[144] Ham P. V., "Branding Territory: Inside the Wonderful Worlds of PR and IR Theory", *Millennium: Journal of International Studies*, No. 31, 2002.

[145] Snow N., "The Smith—Mundt Act of 1948", *Peace Review*, No. 10, 1998.

[146] Nye J. S., "Soft Power", *Foreign Policy*, No. 80, 1990.

[147] Snyder J., "One World, Rival Theories", *Foreign Policy*, Nov/Dec, 2004.

[148] Walt S. M., "International Relations: One World, Many Theories", *Foreign*

Policy, Spring, 1998.

[149] Coan J. A. & Allen J. J. B., "Frontal EEG Asymmetry and the Behavioral Activation and Inhibition Systems", *Psychophysiology*, No. 40, 2003.

[150] Davidson R. J., Schwartz G. E., Saron C., Bennett J. & Goleman D. J., "Frontal versus Parietal EEG Asymmetry during Positive and Negative Affect", *Psychophysiology*, No. 16, 1979.

[151] Davidson R. J., Ekman P., Saron C. D., Senulis J. A. & Friesen W. V., Approach—Withdrawal and Cerebral Asymmetry: Emotional Expression and Brain Physiology", *Journal of Personality and Social Psychology*, No. 58, 1990.

[152] Davidson R. J., "Anterior Cerebral Asymmetry and The Nature of Emotion", *Brain and Cognition*, No. 20, 1992.

[153] Davidson R. J., "What does the Prefrontal Cortex 'do' in Affect: Perspectives on Frontal EEG Asymmetry Research", *Biological Psychology*, No. 67, 2004.

[154] Fox N. A., "If it's not Left, it's Right: Electroencephalogram Asymmetry and the Development of Emotion", *American Psychologist*, No. 46, 1991.

[155] Hung K. & Li S. Y., "Images of the Contemporary Woman in Advertising in China: A Content Analysis", *Journal of International Consumer Marketing*, No. 19, 2006.

[156] Morling B., Kitayama S. & Miyamoto Y., "Cultural Practices Emphasize Influence in the United States and Adjustment in Japan", *Personality and Social Psychology Bulletin*, No. 28, 2002.

[157] Ohme R., "The Subconscious as the Third Dimension in Advertising", *American Academy of Advertising Newsletter*, No. 5/4, 2009.

[158] Ohme R. K., Reykowska D., Wiener D. & Choromańska A., "Application of Frontal EEG Asymmetry to Advertising Research: Sony Bravia Case",

Journal of Economy Psychology—Special Issue: Decisions and Neuroscience, 2009.

[159] Ohme R. K., Matukin M. & Szczurko T., "Neurophysiology Uncovers Secrets of TV Commercials: The Case Of Sony Bravia 2005 Campaign", *Der Markt — Journal für Marketing*, 2010.

[160] Rothschild M., Thorson E., Reeves B., Hirsch J. & Goldstein R., "EEG Activity and the Processing of Television Commercials", *Communication Research*, No. 13, 1986.

[161] Shi A. B., "Competition on Content, Channel and Audience: a Study on China National Image Film", *International Communication*, No. 9, 2011.

[162] Wang J., "Managing National Reputation and International Relations in the Global Era: Public Diplomacy Revisited", *Public Relations Review*, No. 32, 2005.

[163] Zhang J. Y. & Cameron G. T., "China's Agenda Building and Image Polishing in the US: Assessing an International Public Relations Campaign", *Public Relations Review*, No. 29, 2002.

[164] Entman R. M., "Theorizing Mediated Public Diplomacy: The U. S. Case", *The International Journal of Press/Politics*, No. 13, 2008.

[165] Gilboa E., "Mass Communication and Diplomacy: A Theoretical Framework", *Communication Theory*, No. 10, 2000.

[166] Gilboa E., "Global Communication and Foreign Policy", *Journal of Communication*, No. 52, 2002.

[167] Gray B., "Negotiations: Arenas for Reconstructing Meaning", Working Paper, Center for Research in Conflict and Negotiation, Pennsylvania State University, University Park, 1989.

[168] Karl P. A., "Media Diplomacy", *Proceedings of the Academy of Political Science*, 34(4), *The Communications Revolution in Politics*, 1982.

[169] Logdon J., "Interests and Interdependence in the Formation of Social Problem—Solving Collaborations", *Journal of Applied Behavioral Science*, No. 27, 1991.

[170] Ramaprasad J., "Media Diplomacy: in Search of a Definition", *International Communication Gazette*, No. 31, 1983.

英文网络文献

[171] CNN, "For Mr. BRIC, Nations Meeting a Milestone", http://money.cnn.com/2009/06/17/news/economy/goldman_sachs_jim_oneill_interview.fortune/index.htm, Retrieved on July 1, 2013.

[172] Cull N. J., "Public Diplomacy Before Gullion: The Evolution of a Phrase", http://uscpublicdiplomacy.org/pdfs/gullion.pdf, Retrieved on Dec. 28, 2013.

[173] Cull N. J., Public Diplomacy: Lessons from the Past, 2007, pp. 12—13, http://uscpublicdiplomacy.org/publications/perspectives/CPDPerspectives Lessons.pdf, Retrieved on Dec. 28, 2013.

[174] Leonard M., Stead C. & Sewing C., *Public Diplomacy*, The Foreign Policy Centre, 2002, http://fpc.org.uk/fsblob/35.pdf, Retrieved on Dec. 28, 2013.

[175] Peterson P. G., "Public Diplomacy and the War on Terrorism", *Foreign Affairs*, September/October, 2002, http://www.foreignaffairs.com/articles/58247/peter-g-peterson/public-diplomacy-and-the-war-on-terrorism, Retrieved on Dec. 28, 2013.

[176] *U. S. Public, Experts Differ on China Policies: Public Deeply Concerned About China's Economic Power*, September 18, 2012, http://www.pewglobal.org/files/2012/09/US-Public-and-Elite-Report-FINAL-FOR-PRINT-September-18-2012.pdf, Retrieved on Dec. 28, 2013.

[177] Public Diplomacy Alumni Association, http://publicdiplomacy.org/pages/index.php?page=about-public-diplomacy, Retrieved on Dec. 28, 2013.

后 记

时间回到2011年9月，工作6年后，我再度回到中国人民大学新闻学院，脱产攻读博士学位。身边的朋友说我有勇气，而我只是觉得人的一生总得竭尽全力做几件事，读博就是其中一件。

读博3年很辛苦。一年级时几乎每天背着大书包穿梭于地铁10号线，以至于学期结束时我的脊椎出现了严重变形，去朝阳中医院拍片时被医生警告：必须注意了！第二年，我有幸获得了国家留学基金委中美联合培养博士生资格，赴美国南加州大学安尼伯格传播与新闻学院访学一年。这一年对于我的博士学习至关重要，博士论文的基本框架就是在访学期间构思成形的，而这一年中大量阅读一手文献的成果最终以文献综述的形式得以呈现。2013年8月，我访学回国，开始了博士论文的写作。这是一个痛苦、欣喜、绝望与再生交织的过程。当时，每天除了吃饭、睡觉、饭后散步，我基本拒绝了所有娱乐活动，把自己禁锢在相对封闭的生活空间。

2014年5月，在顺利完成博士论文写作与答辩之后，我进入中国传媒大学新闻传播学部新闻学院担任讲师，趁热打铁，随即开始了博士论文的修改工作。幸运的是，2014年11月，我获得了中国传媒大学人文社会科学青年学者出版资助，在较短时间内实现了自己出版博士论文的梦想。

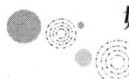

媒体外交：理论与实践

　　从博士学习到初入"青椒"生涯，需要感谢的人太多。在此，首先，我要感谢亲爱的导师钟新教授，在与钟老师相识的12年里，我们一直保持着亦师亦友的关系。钟老师豁达、开朗与无私的品质是我终身学习的榜样。

　　其次，我要感谢博士论文开题委员会和博士论文答辩委员会的各位教授与专家，他们分别是彭兰教授、王义桅教授、刘昶教授、郭镇之教授、周小普教授、李岚研究员和张辉锋副教授，感谢他们对论文选题、写作与论证等诸多环节的指点与建议。

　　再次，我要感谢我在美国南加州大学安尼伯格传播与新闻学院访学期间的导师 Nicholas J. Cull 教授、时任公共外交研究中心主任 Philip Seib 教授、现任公共外交研究中心主任王坚副教授、美国加州州立大学富尔顿分校 Nancy Snow 教授、《人民日报》驻洛杉矶首席记者陈一鸣、《中国日报》洛杉矶办公室经理王军、美国资深新闻人罗礼贤（Jim Laurie）等，感谢他们对我博士论文选题的肯定，以及在博士论文后续写作中给予我的帮助。

　　我还要感谢中国传媒大学新闻学院院长刘昶教授、副院长丁迈教授和学部副书记刘自雄副教授，自入职以来，他们在工作、学术研究乃至生活上的点滴帮助都让我倍感温暖。与吴敏苏教授、方毅华教授、郎劲松教授、曾庆香教授、丰纯高副教授等前辈的相识，与"青椒"同仁们的相交，以及与担任班主任的2014级传播1班30多位"95后"的相处让我逐渐适应了新的校园环境，慢慢体会到大学教师的责任与情怀。

　　最后，我要感谢我的父母。爸爸、妈妈一直是我坚强的后盾。自1999年来北京上大学，一路走来，其间我也曾面临困难、经历低

后　记

谷，可每一次思想动摇的当口，爸爸、妈妈都会鼓励我，给予我正能量。2010年，我决定辞职读博，不少亲戚朋友不理解，爸爸、妈妈却从未动摇，全力支持我的决定。在我读博士的3年时间里，爸爸、妈妈因为担心影响我看书、写论文，很少主动给我打电话。我在美国访学期间，年过60的爸爸和年近60的妈妈学会了使用QQ，每周一次远隔重洋与我进行视频聊天。对于父母，我亏欠了他们太多。于他们而言，最好的回报就是能看着我成长为一个知书达理、懂得感恩且勇于担当的正直之人。

　　本书付梓，因个人能力有限，仍有诸多不足与遗憾。所幸的是，新的征程刚刚开始，这些不足与遗憾会成为接下来治学的动力与目标。

陆佳怡

2015年9月19日晚于金台路

编者的话

2014年是我的母校60周年校庆的重要日子,在那一年,由我所在的文科科研处牵头组织评审并选定了一批青年学者的学术专著加以支持出版。之后的一年多时间里,我们反复与作者和出版社沟通、提供修改意见,工作忙碌、琐碎而辛苦,甚至具体到选定封面设计这样的细微之处。想来,当我们看到这一系列专著整齐地摆放在案头时,会感到超乎寻常的价值吧。

"先寻桃源作太古,欲栽大木柱长天。"这是民国时期杨昌济教授所撰联语,一直使我受教颇深。自留校任教15年来,如果说在科研领域还小有所成,能够增益母校于万一的话,那要非常感念母校的栽培和前后两任科研处长车晴教授和胡智锋教授的提携。两位先生一为名门忠烈之后,行事如光风霁月,咸望素著;一为闻一多先生再传弟子、学富五车的长江学者,后学晚辈受益者众。在他们先后主持下的科研处,为我们这一批当年的青年人的成长提供了宽广而坚实的平台。"榜样的力量是无穷的",在杰出前任的重大压力之下,我也希望通过领导的支持和自己与同事们的共同努力,为学校的青年学者提供一片"柱天大木"得以成长的平台。今天,这已经成为我们工作的重要愿景。

编者的话

　　优秀青年学者们要走的路还很长,我校文科科研工作要走的路同样很长。"撑一支长篙,向青草更青处漫溯",我们愿意做这支长篙,使青年教师们得以助力,通往宽阔丰美的彼岸。

段鹏

于中国传媒大学梧桐书屋东侧办公室内

2015 年 12 月 9 日

图书在版编目(CIP)数据

媒体外交：理论与实践/陆佳怡著. —北京：中国传媒大学出版社，2016.7
（中国传媒大学青年学者文丛·第一辑）
ISBN 978-7-5657-1513-6

Ⅰ.①媒… Ⅱ.①陆…
Ⅲ.①传播媒介－应用－外交－研究－中国 Ⅳ.①D82

中国版本图书馆 CIP 数据核字（2015）第 237764 号

媒体外交：理论与实践
MEITI WAIJIAO: LILUN YU SHIJIAN

著　　者	陆佳怡	
策划编辑	蒋　倩	
责任编辑	李　明	
责任印制	阳金洲	
封面设计	郭　琳	
出 版 人	王巧林	

出版发行	中国传媒大学出版社	
社　　址	北京市朝阳区定福庄东街 1 号　邮编：100024	
电　　话	86－10－65450528　65450532　传真：65779405	
网　　址	http://www.cucp.com.cn	
经　　销	全国新华书店	
印　　刷	北京易丰印捷科技股份有限公司	
开　　本	710mm×1000mm　1/16	
印　　张	16	
版　　次	2016 年 7 月第 1 版　2016 年 7 月第 1 次印刷	
书　　号	ISBN 978-7-5657-1513-6/D · 1513　　定价 59.00 元	

版权所有　　翻印必究　　印装错误　　负责调换